CONSIDÉRATIONS

SUR LA

DÉFENSE DE L'ALGÉRIE-TUNISIE

ET

L'ARMÉE D'AFRIQUE

PAR

R.-J. FRISCH

CAPITAINE AU 106ᵉ RÉGIMENT D'INFANTERIE
ANCIEN OFFICIER DES AFFAIRES ARABES D'ALGÉRIE
ET DU SERVICE DES RENSEIGNEMENTS DE TUNISIE

PARIS

HENRI CHARLES-LAVAUZELLE

Éditeur militaire

10, Rue Danton, Boulevard Saint-Germain, 118

(MÊME MAISON A LIMOGES)

CONSIDÉRATIONS

SUR LA

DÉFENSE DE L'ALGÉRIE-TUNISIE

ET

L'ARMÉE D'AFRIQUE

OUVRAGES DU MÊME AUTEUR

Guide pratique en pays arabe (en collaboration avec M. le médecin-major DAVID). (Berger-Levrault, Paris 1892.)

Le Maroc, — Géographie, organisation, politique, (Ernest LEROUX, Paris 1895).

Topographie militaire de la Haute-Alsace (Baudoin, Paris 1893).

CONSIDÉRATIONS

SUR LA

DÉFENSE DE L'ALGÉRIE-TUNISIE

ET

L'ARMÉE D'AFRIQUE

PAR

R.-J. FRISCH

CAPITAINE AU 106ᵉ RÉGIMENT D'INFANTERIE

ANCIEN OFFICIER DES AFFAIRES ARABES D'ALGÉRIE
ET DU SERVICE DES RENSEIGNEMENTS DE TUNISIE

PARIS

HENRI CHARLES-LAVAUZELLE

Éditeur militaire

10, Rue Danton, Boulevard Saint-Germain, 118

—

(MÊME MAISON A LIMOGES)

SOMMAIRE

AVANT-PROPOS

Un projet de réduction des effectifs de l'armée d'Afrique a été soumis à la Chambre des députés par M. Cavaignac lors de son premier passage au ministère de la guerre (1).

Cette réduction est-elle possible sans compromettre, à un moment donné, la défense de l'Algérie-Tunisie?

Nous le croyons, en prenant les mesures suivantes :

1° Organiser solidement notre situation maritime dans le bassin occidental de la Méditerranée, afin de maintenir en liaison constante l'Algérie-Tunisie et la métropole;

2° Compléter la défense des côtes de manière à mettre la colonie à l'abri de tout danger maritime;

3° Affecter exclusivement à la défense de la colonie les troupes actives d'Afrique, sans que jamais, et

---

(1) Le présent travail remonte, tel qu'il est, au mois de mai 1897; les chapitres relatifs à la défense des frontières maritimes et au Transsaharien ont seuls été revus et complétés à la suite de l'incident de Fashoda.

même en cas de guerre européenne, aucun élément n'en puisse être distrait pour des besoins extérieurs;

4° Modifier la constitution de l'armée actuelle pour la mieux adapter aux conditions spéciales, variables suivant les régions, de la guerre en Afrique ;

5° Créer des réserves indigènes et prévoir des cadres pour les commander;

6° Organiser la défense des centres de population;

7° Développer les voies et les moyens de communication et multiplier les dépôts d'approvisionnements de toute nature, de manière à faciliter et à accélérer, au moment du besoin, les mouvements intérieurs de la défense.

Dans ce travail, nous nous sommes proposé d'expliquer et de développer toutes ces mesures, en nous plaçant au double point de vue de la défense extérieure et de la défense intérieure du pays.

Nous avons pris soin de ne rien avancer qui ne repose sur l'histoire, sur des faits d'expérience ou sur les affirmations de personnalités autorisées.

Parmi ces dernières, nous citerons tout particulièrement le colonel Pein. Cet officier supérieur, grâce à sa parfaite connaissance des indigènes, à la fermeté de son caractère, à ses aptitudes militaires et administratives, à la sûreté de sa méthode, à la variété de ses connaissances et l'application pratique qu'il en savait faire, a été l'un des officiers les plus remarquables de la période de consolidation de la conquête.

Après avoir rendu les plus grands services en Algérie, après avoir fait école dans la colonie, il est aujourd'hui ingratement ignoré. Nous sommes heureux de l'occasion qui nous est offerte de tirer son nom de l'oubli et de rendre un hommage public à la mémoire de celui qui fut un soldat hors ligne et un serviteur exceptionnel de la France.

C'est aux notes du colonel Pein (1), notes écrites à bâtons rompus et au courant de la plume, que nous devons les principaux arguments en faveur de la réduction de l'armée d'Afrique et l'organisation défensive des centres de population.

Nos conclusions, toutes motivées qu'elles soient, n'ont pas la prétention d'être infaillibles; en entreprenant cette étude, nous n'avons eu qu'un but : provoquer parmi les hommes spéciaux et compétents, sur cette question de la défense de l'Algérie-Tunisie, une discussion d'où sortira peut-être une solution pratique, conforme, à la fois, aux intérêts de la colonie et à ceux de la métropole.

Enfin, en rappelant brièvement les hauts faits de nos aînés et les dangers courus sur cette terre d'Afrique par notre domination, notamment à une époque des plus graves de notre histoire, nous désirons mettre en garde contre cette manie de voir tout en noir qui a causé récemment dans le pays un si

---

(1) Dont nous devons la communication à l'obligeance de son fils, M. le capitaine d'infanterie Pein, des affaires arabes.

regrettable affolement et qui risque de nous faire perdre un sentiment dont dépend notre existence nationale, la foi en nous-mêmes.

Nos forces vitales sont-elles donc épuisées?

Non seulement notre travail nous fait vivre, mais nous surproduisons de l'or au point de pouvoir en prêter par milliards à l'étranger. Sept millions de Français ont reçu dans l'armée une éducation physique et morale qui a ajouté considérablement à la virilité et à la valeur militaire de la nation. Des héros comme Marchand et ses compagnons valent tous les sirdars possibles, tous les Kitcheners et tous les Gordons.

Un peuple qui a de pareilles ressources de travail, d'énergie et de dévouement n'est pas près de disparaître.

Donc, employons intelligemment ces ressources, et *haut les cœurs !*

CONSIDÉRATIONS

SUR LA

DÉFENSE DE L'ALGÉRIE-TUNISIE

ET

L'ARMÉE D'AFRIQUE

1re PARTIE

DÉFENSE EXTÉRIEURE

FRONTIÈRES MARITIMES

L'Algérie-Tunisie et la Méditerranée.
Coup d'œil stratégique.

La Méditerranée occupe sur la planète une situation politique et stratégique hors de pair. Antique berceau de la civilisation, mer historique par excellence, c'est sur ses bords que s'est décidé le sort de l'humanité.

Son importance, décisive dans l'antiquité, réduite au moyen âge, a repris, dans les temps modernes, un essor nouveau; cette importance s'est encore accrue depuis le percement du canal de Suez, qui en a fait la route des Indes et de l'Extrême-Orient. Cette importance deviendra unique dans le monde lorsque, cessant de servir simplement au transit de l'hémisphère orientale, la Méditerranée deviendra un des éléments de la grande voie *circumterrestre* par l'isthme de Panama, dont le percement s'impose à la civilisation.

Il y a un quart de siècle à peine, l'Angleterre et la France se disputaient seules les mers. Depuis, des puissances maritimes nouvelles ont surgi, jeunes, ardentes, ambitieuses et justifiant leur ambition par des efforts persévérants, par des résultats chaque jour grandissants.

Dès lors, la Méditerranée est devenue le grand lien entre les peuples ; elle est devenue le grand chemin où les pavillons se rencontrent; elle est devenue le grand facteur de la civilisation moderne, et elle le restera jusqu'au jour où, sous la pression de l'irrésistible poussée des nations vers l'Orient, les intérêts déchaînés en feront, comme dans le passé, le champ clos des flottes européennes.

Riverains au nord et au sud de la partie occidentale de cette mer, nos pères nous y ont légués une situation politique et stratégique qu'il est de notre devoir de transmettre intacte à nos descendants ; à ce titre, il nous a paru indispensable d'entrer dans quelques considérations politiques et militaires mettant en relief l'importance de l'Algérie-Tunisie au point de vue de notre puissance méditerranéenne.

La Méditerranée est limitée par trois continents :

l'Europe, l'Asie et l'Afrique. En faisant abstraction de la mer Noire, elle se divise en deux bassins, l'un oriental, l'autre occidental.

Ces deux bassins, séparés en leur milieu par un rétrécissement, le canal sicilo-tunisien, sont limités à leurs extrémités par deux seuils, véritables portes, le détroit de Gibraltar et le canal de Suez.

Dans le bassin occidental, le seul dont il y ait lieu de s'occuper attentivement dans cette étude, deux Etats, notamment, se sont mis en face de nous dans une situation leur permettant de jouer un rôle décisif dans les luttes futures : l'Angleterre et l'Italie.

Exclue par la nature de la Méditerranée, l'Angleterre a pris soin, dès le commencement du siècle dernier, de se mettre au nombre de ses puissances riveraines en s'emparant de Gibraltar; en 1801, elle a confisqué à son profit Malte, sa forteresse centrale. Depuis le percement du canal de Suez, elle a fait d'Aden le Gibraltar de la mer Rouge, et de l'îlot de Périm, la clef du détroit de Bab-el-Mandeb. En 1878, au traité de Berlin, l'adresse de lord Baeconsfield ajoutait un nouveau joyau à la couronne de l'Angleterre, l'île de Chypre. Enfin, plus récemment encore, après l'occupation de la Tunisie par la France, qui lui enlevait l'exclusive suprématie dans le bassin oriental, elle s'est établie en Egypte, provisoirement affirmait-elle ouvertement, mais avec la volonté arrêtée d'établir, au moment voulu, son protectorat sur la terre des Pharaons.

Gibraltar, conquis en vue d'assurer aux flottes britanniques la route du Levant, semblait destiné à devenir, depuis le percement du canal de Suez, une station stratégique de la route des Indes aussi importante dans la Méditerranée qu'Aden dans la mer Rouge, Ceylan et Singapour dans l'archipel Indien ou le Cap de Bonne-Espérance et Sainte-Hélène dans l'Atlantique.

Pendant longtemps, en effet, la situation exceptionnelle de Gibraltar, le puissant armement de ses ouvrages et les rochers qui couvrent la ville au nord et à l'est passaient pour constituer un ensemble invulnérable. Mais les progrès réalisés dans ces dernières années par l'artillerie, l'invention des torpilles et des torpilleurs, les vitesses imprimées aux navires et leurs besoins toujours croissants en charbon ont démontré que cette place n'était plus à la hauteur des besoins actuels.

Depuis que la navigation à vapeur permet de passer au large du détroit, malgré les vents et les courants contraires, Gibraltar ne commande plus les vingt kilomètres qui le séparent de la côte marocaine; il ne peut plus que signaler le passage des navires ennemis. Le port est trop petit et trop mal abrité pour pouvoir servir de refuge assuré à une escadre, et l'on n'y trouve ni docks pour la réfection du matériel, ni dépôt de charbon suffisant.

Dès 1888, sir Charle Dilke signalait (1) l'impossibilité de mettre la ville et le dépôt de charbon à l'abri d'un bombardement de la rive opposée de la baie où s'élève Algésiras.

L'insuffisance des fortifications et des établissements du port, le manque de docks pour les grands

_____

(1) *Fortnightly Review*, janvier 1888.

navires, n'ont pas échappé à l'amirauté anglaise, qui s'efforce par tous les moyens possibles de rendre à la place son ancienne importance maritime et stratégique (1).

En présence de la déchéance stratégique de Gibraltar, l'Angleterre a jeté ses regards de l'autre côté du détroit, sur Tanger et Ceuta.

Dès avant la bataille de Trafalgar, Nelson avait désigné Tanger comme le complément indispensable de Gibraltar. « Si Gibraltar est la clef de la Méditerranée, dit le capitaine Colville, Tanger en constitue la serrure. » Dans une importante revue anglaise, on peut lire les deux phrases suivantes : « Tanger est la clef du Maroc; laissez-nous regarder par le trou de la serrure »; puis : « Tanger est supérieur à Gibraltar comme port et comme dépôt à charbon (2). »

Mais les Anglais savent fort bien que, si, par aventure, il leur prenait fantaisie de tenter un coup de main sur Tanger, ils trouveraient devant eux toute l'Europe, qui ne saurait permettre la prise de possession de ce port par la puissance qui détient Gibraltar. L'occupation de Tanger porterait une atteinte mortelle aux intérêts communs des autres puissances maritimes; et,

---

(1) « Le Parlement britannique a voté, il y a quelques années, un premier crédit de dix millions de livres pour le prolongement des deux jetées et la construction d'une cale sèche qui devaient être terminés en sept ans. On a déjà dépensé beaucoup d'argent, mais les travaux n'avancent pas, et il est évident aujourd'hui qu'ils ne pourront pas être terminés dans les délais prescrits. La jetée du sud est assez avancée, elle est à peu près à moitié de sa longueur; mais celle du nord en est toujours au même point, et les fouilles de la cale de radoub, de dimensions vraiment extraordinaires, n'ont pas encore atteint le niveau de la mer..... » (Correspondance de Gibraltar au Temps, 5 juin 1898.)

(2) Fortnightly Review, mai 1892.

sous peine de livrer à leur plus redoutable adversaire maritime et commercial les clefs du détroit et le monopole exclusif de la Méditerranée, toutes sont tenues d'en garantir solidairement la neutralité et l'indépendance.

Dans l'impossibilité où se trouve l'Angleterre de mettre la main sur Tanger sans courir au-devant d'un péril, les organes les plus importants du gouvernement et de l'opinion britanniques ont proposé, sous le couvert de sentiments de commisération vis-à-vis de l'Espagne qui en réalité n'existent pas, d'échanger, « moyennant une indemnité en argent qu'accepterait volontiers ce pays épuisé », Gibraltar contre l'espagnole Ceuta.

Une importante publication militaire hebdomadaire a résumé ainsi la question :

Ceuta, sur l'autre rive du détroit, devrait remplacer Gibraltar, qui, comme on le démontre périodiquement, ne sera plus longtemps encore pour nous d'une grande importance, alors que, à notre avis, le moment semble opportun de le restituer à l'Espagne. Ceuta cadrerait mieux avec nos vues, parce que, de ce point, nous pourrions plus facilement nous implanter au Maroc, ce champ de bataille possible de l'avenir (1).

Ceuta a, en effet, une très grande importance stratégique et peut être appelé à juste titre le Gibraltar marocain, car il ressemble à l'autre par sa structure géologique, la forme péninsulaire de son territoire et sa position en sentinelle sur le détroit. Mais, dans son état actuel, il lui est considérablement inférieur au point de vue militaire. Les Anglais y remédieraient

---

(1) *Broad Arrow*, 25 novembre 1893.

aussitôt par sa transformation rapide en un port de guerre de premier ordre.

Depuis 1893, époque à laquelle a paru l'article cité plus haut, l'idée de cet échange s'est propagée en Angleterre, et tout porte à croire que l'ère des négociations en vue de sa réalisation est proche, si tant est qu'elles n'ont pas déjà été entamées. Voici comment s'exprimait récemment à ce sujet l'*Organ of imperial Federation* :

Le motif avoué du voyage de Mr Goschen à Gibraltar sur le *Terrible*, c'est-à-dire l'examen des qualités de ce cuirassé, n'a été qu'un trompe-l'œil. De source autorisée, il a eu en réalité pour but de reconnaître et de discuter, conjointement avec des autorités maritimes et militaires, la situation de Ceuta par rapport au rocher de Gibraltar.

L'Espagne, affirme-t-on, est entrée secrètement en pourparlers avec une puissance européenne — probablement la Russie — pour vendre Ceuta à cette dernière. On se demande s'il ne serait pas préférable pour nous de damer le pion à la Russie par une surenchère. Certainement la place nous coûterait ainsi moins cher que si nous étions obligés de combattre pour entrer en sa possession (1).

Mais là ne se bornent pas les ambitions de l'Angleterre ; elle tend encore à prendre pied au milieu même du bassin occidental, par l'acquisition d'une station stratégique. Elle agit ainsi manifestement dans son intérêt, qui consiste à rester seule maîtresse de la route de Suez, en nous paralysant dans la Méditerranée ; mais c'est notre devoir aussi de nous préoccuper d'une question qui menace directement notre puissance maritime et nos possessions du nord de l'Afrique, et, le cas échéant, de lui faire échec sur ce terrain.

---

(1) *United Service Gazette*, 10 juin 1898.

Le cercle des stations françaises pourrait être le mieux rompu si nous pouvions acquérir, comme base d'opérations, Port-Mahon dans l'île Minorque ou Asinara en Sardaigne. Le port de Palma, dans l'île Majorque, n'étant pas utilisable par les navires d'un fort tirant d'eau, ne peut entrer en considération pour notre but (1).

Donc, il ne s'agit plus seulement de remplacer Gibraltar par une place maritime capable d'interdire à volonté le passage du détroit : l'insatiable Albion veut prendre position au centre même du bassin occidental. •

Malgré les sympathies de l'Italie pour l'Angleterre, il est inadmissible que ses hommes d'Etat puissent jamais commettre la faute de céder la rade d'Asinara à une puissance dont l'énorme supériorité maritime permettrait, à un moment donné, d'annihiler complètement la Maddalena. Pour la même raison, ils ne sauraient autoriser l'annexion par l'Angleterre des Baléares.

Pour la France, ces îles aux mains des Anglais constitueraient une base d'opérations contre ses côtes de Provence qui la séparerait pour toujours de l'Algérie.

En effet, les Baléares ont une importance considérable au point de vue de la domination dans le bassin occidental, grâce à leur situation centrale par rapport aux côtes d'Espagne, de France, d'Italie et d'Afrique. Elles sont situées en face du delta du Rhône et à peu près à mi-distance entre Gibraltar et Malte : 900 kilomètres séparent l'île Minorque de la première de ces places et 1.000 de la seconde. Port-Mahon est éloigné de Bizerte de 700 kilomètres, d'Alger de 300, du dé-

---

(1) « Englands Position in the Mediterranean », *Broad Arrow*, 25 novembre 1893.

bouché du canal du Languedoc de 350 et d'autant du détroit de Bonifacio. Ces chiffres font ressortir suffisamment l'importance stratégique exceptionnelle de ces îles.

Au point de vue maritime, Minorque, tout en n'étant pas l'île la plus grande de l'archipel, prime néanmoins les autres, parce qu'elle possède le meilleur port, Mahon.

Les vues de l'Angleterre sur les Baléares datent du siècle dernier. Pitt « le vieux » en avait proposé l'échange contre Gibraltar. Nelson lui-même, reconnaissant l'insuffisance du port de Gibraltar, avait nettement indiqué ses préférences pour Port-Mahon, qu'il trouvait plus rapproché des côtes de France et de Toulon. Aujourd'hui, après le désastre de la flotte espagnole, on considère le moment venu de réaliser le rêve caressé depuis si longtemps :

Après avoir prédit la fin de la malheureuse Espagne, sa chute s'annonce comme prochaine.

Lorsque, après les horreurs de la guerre, viendra le moment de conclure la paix, nous nous trouverons certainement dans une situation nous permettant *de faire valoir nos droits* (1) *relativement à une garantie future contre un ébranlement du* statu quo *dans la Méditerranée*. Nous avons déjà donné à comprendre, d'une façon qui ne prête à aucune équivoque, aux Français et à la presse française, qu'en raison de notre position à Gibraltar nous ne pouvons pas considérer l'occupation temporaire (!) de l'Egypte comme un contrepoids suffisant au front bastionné du milieu du littoral nord de l'Afrique.

. . . .

Ce ne sera que lorsque nous aurons distancé la France, aussi bien par l'Egypte que par le Maroc ou Tanger, que nous pourrons considérer notre position dans la Méditerranée comme *absolument garantie*. Maintes fois, nous avons indiqué que ce

---

(1) L'Angleterre a toujours des droits à faire valoir partout.

but pourrait être atteint par une cession à l'amiable, contre indemnité en argent, de territoires espagnols. L'Espagne, *cet Etat mourant*, ne devrait pas, dans son *agonie*, se soucier de pareilles bagatelles.

Nous avions déjà démontré dans d'autres circonstances que nous devions profiter de la situation fatale de l'Espagne pour soutenir *les théories purement défensives relativement à la sécurité de notre route méditerranéenne.....* Ainsi, le temps est proche où nous aurons à discerner le moment psychologique où il faudra nous adresser, avec tout le tact nécessaire, au gouvernement *provisoire* de l'Espagne au sujet de la vente des objectifs que nous convoitons.

Il n'existe aucune raison pour la grande République américaine d'entraver l'extension projetée de notre position défensive, maritime et militaire dans la Méditerranée. En admettant que nous soyons alliés aux Etats-Unis, nos prétentions *ne seront combattues sérieusement par aucune puissance.* Par contre, nous sommes tout disposés à aider l'Union à consolider sa domination et à exercer sa police sur les races bâtardes qui « se félicitent » d'un riche mélange de sang espagnol..... La révolution espagnole, que nous voyons approcher, doit forger plus solidement encore les anneaux de la chaîne qui unit en ce moment l'Angleterre et les Etats-Unis (1).

Tout commentaire à ce qui précède serait superflu. Les objectifs dont il est question sont évidemment Ceuta et Port-Mahon : on veut s'installer solidement dans le bassin occidental.

L'œuvre de Ferdinand de Lesseps ayant diminué considérablement l'importance de la voie du Cap, la politique anglaise a jugé indispensable, pour la sécurité des Indes et la satisfaction de ses ambitions en Extrême-Orient, d'établir sa domination entière, indiscutable, sur la route méditerranéenne. Et il faut reconnaître qu'au point de vue de ses intérêts cette préten-

---

(1) « The Spanish Debacle », *Admiralty and Horse Guards Gazette* du 14 juillet 1898.

tion s'explique, car le canal de Suez, le lieu de rencontre de toutes les routes de l'Orient et de l'Occident,
est la clef du commerce de l'univers ; c'est là qu'aujour-
d'hui bat l'aorte de l'Angleterre.

Cette route s'appuie, à l'entrée de la Méditerranée,
sur Gibraltar, au centre sur Malte, et à l'est sur l'île
de Chypre et Alexandrie. Gibraltar, de l'avis même
des Anglais, a perdu une bonne partie de sa valeur
stratégique d'autrefois.

Malte, située entre la Sicile et l'Afrique, sur le flanc
de la Tunisie et dans le canal de jonction des deux
bassins, paralyse l'influence de la Sicile, de la péninsule italienne, de la Sardaigne et de la Corse, les menace toutes, ainsi que les côtes africaines. Elle détient
effectivement les clefs de l'archipel de la mer Egée et
des littoraux syrien et égyptien. C'est une des plus
belles positions militaires de l'Europe ; elle est le
pivot de la stratégie anglaise dans la Méditerranée.

La Valette, sa capitale, possède le port le plus sûr
de la Méditerranée après Bizerte et le plus formidablement fortifié ; il renferme des ateliers de réparations pour le matériel naval, des arsenaux, des dépôts
de charbon, des docks, etc. La Valette est le point
de convergence du réseau télégraphique sous-marin
anglais (1).

Jusqu'à l'achèvement des docks de Gibraltar, Malte
reste seule en état de faire les réparations aux navires,

---

(1) Le câble télégraphique sous-marin est, à notre avis, même plus
important que des fortifications, parce qu'il facilite la découverte et la
destruction d'une flotte ennemie. (*Imperial Defence,* par sir Charles
Dilke, 1897.)

et c'est là une des graves préoccupations de l'amirauté depuis la création du port de Bizerte :

Nous nous accommodons de ce que tous nos œufs — et ils sont trop peu — c'est-à-dire quatre docks, soient dans le même panier, à Malte. Si nous perdons cette île, nous ne disposerons, dans la Méditerranée, d'aucune place où nos navires, devenus, au cours des batailles, des canards inertes, pourront être réparés (1).

Pour parer autant que possible à cette redoutable éventualité, la diplomatie anglaise a fait, en 1897, sans succès d'ailleurs, des démarches auprès du gouvernement italien pour obtenir la cession de Licata, sur le littoral sud de la Sicile, et celle de l'île de Pantellaria.

Dans l'esprit de l'amirauté anglaise, ces deux points, organisés en ports de guerre et de refuge, devaient, de concert avec Malte, constituer, dans le canal, un groupe offensif et défensif capable d'annihiler complètement Bizerte. Les autres possessions anglaises du bassin oriental ne peuvent, en effet, entrer en ligne de compte, car l'île de Chypre est encore dépourvue de port de guerre, et Alexandrie, malgré l'importance de sa position, n'est susceptible d'aucune résistance.

Avec Toulon, Bizerte et la Corse sérieusement organisés, la suprématie britannique dans la Méditerranée passe, aux yeux des Anglais, pour gravement compromise; l'inquiétude à cet égard se manifeste dans de nombreux articles de journaux et de revues politi-

---

(1) « Englands Position in the Mediterranean », *Broad Arrow*, du 29 novembre 1893.

ques et maritimes. L'alliance franco-russe, si préjudiciable aux intérêts de la race anglo-saxonne, est venue ajouter encore à cette inquiétude et a créé contre nous une animosité dont la presse d'outre-Manche se fait l'écho chaque jour et dont nous avons déjà senti les premiers effets.

Pas un cabinet anglais n'oserait envoyer une de ses escadres dans la mer de Marmara et même seulement dans la baie de Besika aussi longtemps que la flotte française serait intacte et pourrait être considérée comme un adversaire probable. Cette opération, impossible à exécuter par l'Angleterre seule, elle pourrait l'entreprendre avec des alliés. La coopération de l'Italie changerait la face des choses; car, avec une direction convenable, les escadres italiennes et anglaises seraient de taille à remplir la mission de tenir en échec la flotte française et d'opérer en même temps contre les Russes (1).

C'est là une des principales raisons pour lesquelles la diplomatie anglaise cherche à maintenir l'Italie dans l'orbite de sa politique méditerranéenne.

L'incomparable situation géographique de la péninsule italienne, avec ses îles, lui assure dans la Méditerranée, au milieu de laquelle elle est assise, une sphère d'action à l'ouest, au sud et à l'est. Sur chacun de ses trois fronts de mer, elle possède un port de guerre fortifié et complètement organisé, une base maritime lui permettant d'exercer son influence sur le front correspondant : à la base de la péninsule et à l'ouest, La Spezzia, dominant les mers Ligurienne et Tyrrhénienne; du côté opposé, à l'est, Venise, surveillant l'Adriatique; enfin, au sud, assurant la sécurité de la mer Ionienne, Tarente. Chacun de ces ports,

---

(1) *Command of the Sea,* par Spenser Wilkinson, 1894.

relié à l'intérieur du pays par des voies ferrées, offre à la marine italienne une rade de refuge spacieuse, un excellent port d'ancrage, des dépôts de charbon largement approvisionnés, des arsenaux, des docks pour leurs réparations, etc.

La Spezzia, en tout comparable à Toulon, a été créée par l'Italie pour faire contrepoids, dans le bassin occidental, au port de guerre français. Un simple coup d'œil sur la carte fait ressortir l'importance stratégique de Tarente par rapport à l'Adriatique, à la mer Ionienne et à la mer Tyrrhénienne par le canal de Messine. C'est l'organe de liaison entre la Spezzia et Venise, également apte à porter des secours à l'une ou à l'autre de ces places. En outre, Messine commande le détroit de ce nom, dont la défense est d'autant moins difficile qu'il ne peut être bloqué que par deux escadres entièrement séparées l'une de l'autre.

Enfin, l'Italie possède, au sud de la Sardaigne, la mystérieuse et imprenable forteresse maritime de La Maddalena, dont Nelson avait, le premier, reconnu l'importance stratégique. C'est là, en effet, que, pendant les guerres de la Révolution et de l'Empire, il cacha les vaisseaux anglais; c'est de là, ne l'oublions pas, qu'il partit une première fois pour Aboukir, une seconde fois pour Trafalgar.

De La Maddalena, où les escadres et les flottilles italiennes sont à l'abri de tout danger, on bénéficie de tous les avantages de la manœuvre par lignes intérieures, si favorables à la défense active. Non seulement on peut évoluer dans toutes les directions, signaler ou observer les mouvements des flottes ennemies, offrir, accepter ou refuser une bataille, mais

on peut encore, en appliquant le principe universellement admis de la défensive-offensive, entrer en action
à tout moment pour protéger les côtes occidentales de
la péninsule, puisqu'il est possible de se porter, en
quelques heures, sur n'importe quel point où l'ennemi tenterait un débarquement. La Maddalena permet aussi, dans l'état actuel de Bonifacio, d'interdire
à volonté, à un navire, le passage du détroit ; elle
rend possible une contre-offensive italienne, menace
Toulon et Marseille, et offre toute facilité pour prendre à revers la flotte française qui serait allée chercher l'ennemi sur les côtes de la Toscane. Enfin, en
croisant entre la Corse et les Baléares, les escadres
de La Maddalena peuvent couper les communications
de Toulon et de Marseille avec l'Algérie et la Tunisie.

Quand on examine attentivement la position stratégique occupée par la péninsule dans la Méditerranée,
on s'aperçoit que la puissance maritime italienne se
meut à tel point dans le cercle des intérêts et de la
puissance britanniques que, en cas de guerre, l'appui
des flottes italiennes et le secours de leurs bases
d'opérations navales est presque, pour l'Angleterre,
une question de vie ou de mort.

C'est pour cette raison qu'elle entretient soigneusement la discorde dans les eaux de la Méditerranée ;
c'est à son instigation que l'Italie rêve de faire la loi
sur le lac latin. L'ambition de marcher de pair, en cas
de guerre, à côté de la flotte britannique, ressort nettement de toutes les études et discussions politiques
et maritimes de nos voisins.

Depuis la mise à l'eau du *Duilio*, du *Dandolo*, l'orientation
politique de l'Italie, au moins au point de vue naval, n'a subi

aucun changement. Amis et presque *pupilles* de l'Angleterre nous étions alors, nous le sommes encore aujourd'hui. *Depuis l'affaire de Tunis, on a compris qu'en Méditerranée nous trouverions toujours la France contre nous, et c'est pourquoi nous sommes entrés dans la Triplice.* Aujourd'hui comme hier, nous sommes les alliés de deux puissances foncièrement continentales et nous n'avons aucun péril grave ou imminent à craindre sur terre. Notre programme naval pouvait et devait donc être tracé par cette *nécessité évidente : construire dans les limites de notre budget une flotte capable de lutter contre la flotte française.* — Pourquoi a-t-on perdu de vue cette fin dernière ? Est-ce la sentimentalité latine ou la secrète pensée que notre orientation politique changerait à brève échéance qui ont contribué à nos erreurs navales ? Je ne le crois pas. Pour longtemps encore et quelles que soient nos amitiés politiques, la mesure de notre puissance navale sera déterminée par la valeur de notre flotte *comparée à la flotte française à l'heure du canon. C'est le seul point de vue que l'Angleterre apprécie;* c'est le seul aussi d'après lequel nous serons appréciés par la France. Plus un ennemi est dangereux, plus on fera de sacrifices pour l'éliminer. Soyons forts sur mer, et en France on trouvera notre neutralité utile, et même en certaines circonstances notre amitié précieuse. Voilà pourquoi dans la guerre de 190... le choix de l'adversaire naval ne pourra TOMBER QUE SUR LA FRANCE, et pourquoi, *malgré quelques changements de notre politique extérieure*, le programme de nos constructions navales *devra toujours avoir pour but de créer une flotte qui puisse être utilement opposée à la flotte française* (1). »

Quelles dispositions avons-nous prises en face de la situation vraiment formidable, sommairement décrite, et que les ambitions anglaises et italiennes menacent de rendre plus formidable encore, pour assurer contre toute éventualité, dans le bassin occidental, cette liberté de la mer, indispensable à la sécurité extérieure de l'Algérie-Tunisie ?

Placés par la nature et par les événements dans des conditions devant naturellement faire de nous les

---

(1) *Tribuna*, 24 mars 1899.

maîtres du bassin, nous n'en avons pris presque aucune.

Alors que Toulon et nos côtes de Provence, avec la Corse comme avancée, nous créent une position extrêmement avantageuse dans le nord, nous sommes en mesure de dominer sur toute la côte d'Algérie et de la Tunisie, c'est-à-dire sur une longueur de plus de quinze cents kilomètres, depuis la sortie du détroit de Gibraltar jusqu'à Malte, la route maritime de Suez. Il n'est nullement besoin d'être marin, il suffit de jeter un instant les yeux sur une carte pour être convaincu qu'incontestablement nous dominerons tout le bassin occidental si nous rendons inexpugnables les trois sommets du triangle stratégique Toulon-Bizerte-Mers-el-Kébir, avec la Corse comme point d'appui central.

Pour le moment, nous n'avons dans la Méditerranée qu'une seule base d'opérations, un seul port de refuge aménagé, Toulon. Or, la guerre hispano-américaine a fourni comme enseignement principal qu'il est indispensable pour toute force navale, petite ou grande, d'avoir des bases d'opérations méthodiquement espacées sur la route qu'elle aura à parcourir, si elle veut conserver la liberté de la mer. Les Anglais, dont la pensée directrice est toujours méthodique et sûre d'elle-même, ont compris, il y a longtemps déjà, qu'une marine militaire pour laquelle on n'aurait pas ménagé des bases d'opérations inviolables serait comme paralysée.

Jusqu'à ces derniers temps, la Corse, notre admirable position stratégique centrale, trait d'union entre les rivages de la mère patrie et ceux de l'Algérie-

Tunisie, n'avait pour défense mobile sur mer qu'une flottille insuffisante de torpilleurs ; ses rades et ses ports étaient mal protégés par des fortifications en partie surannées et incomplètement armées. Et cependant la Corse peut être considérée comme le pivot de toutes nos combinaisons offensives et défensives! Tant que nous tiendrons sérieusement cette île, l'ennemi ne pourra réussir aucune opération sur nos côtes de Provence ou d'Algérie.

Cette considération exige un port de refuge en Corse; il faut, à côté de La Maddalena, un camp retranché maritime, une forteresse capable de tenir en respect la forteresse italienne et d'abriter nos escadres et nos flottilles. Les uns préconisent Porto-Vecchio, d'autres Bonifacio; c'est à la marine à choisir et à décider.

L'Algérie-Tunisie n'est pas mieux partagée que la Corse au point de vue maritime. En effet, sur cette immense étendue de 2.000 kilomètres de côtes, on ne trouve pas un seul arsenal maritime, un seul centre de refuge convenablement aménagé, pourvu de charbon et sérieusement protégé. Impossible de faire les réparations nécessaires aux navires chargés de la défense, les établissements nécessaires n'existant pas. Or, ces établissements sont aujourd'hui indispensables, puisqu'il est démontré que dans les combats de l'avenir les bâtiments, même victorieux, auront subi de telles avaries qu'ils seront tenus de rentrer au port pour les réparer, sous peine de devenir la proie du premier croiseur venu qu'ils trouveraient devant eux.

De même qu'il faudrait avoir une forteresse en

Corse à côté de La Maddalena, il serait indispensable d'avoir sur la partie orientale de la côte d'Afrique, à côté de Malte et de Tarente, un port de refuge inviolable, avec bassins de radoub, dépôt de charbon, arsenaux, ateliers de réparations, etc. Bizerte, avec son entrée étroite et sa rade intérieure unique, capable de contenir toutes les flottes de l'Europe, est connu et devrait être depuis longtemps déjà aménagé en port de ravitaillement et de refuge, en arsenal complet et formidablement défendu.

On pourrait y ajouter l'île de Djerba. Comme La Maddalena a autrefois servi de retraite à Nelson, le golfe de Bou-Ghara, situé en arrière de l'île, a servi de centre d'opérations au célèbre corsaire barbaresque, le reïs Dragut. Une mer intérieure, abritée de tous les vents, pouvant assurer un refuge à nos croiseurs et à nos torpilleurs, la sépare de la terre ferme. Djerba menacerait à la fois Malte, la Sicile et l'Italie méridionale; comme Bizerte, elle commande la route de Port-Saïd et des Indes.

Il n'est pas moins indispensable, pour compléter notre système défensif du bassin occidental, de créer sur la côte ouest de l'Algérie un port aménagé, avec station importante de torpilleurs et de contre-torpilleurs, pouvant contre-balancer Gibraltar et surveiller la navigation à la sortie du détroit. Où devrait se trouver ce port-arsenal? Est-ce à Mers-el-Kébir, situé à 450 kilomètres de Gibraltar, dont la rade spacieuse et excellente n'exigerait que la construction d'une digue, ou à Rachgoun, à 350 kilomètres seulement de la forteresse anglaise, mais où tout serait à créer? C'est une question à résoudre sur place par la marine.

Une chose cependant est certaine, c'est que nous ne serons pas assurés de la possession de l'Algérie si l'un de ces deux points n'est pas organisé en port de guerre et occupé.

A l'inverse de Gibraltar et de Malte, dont le ravitaillement ne peut s'opérer que par mer, nos ports à créer s'appuient sur des contrées intérieures d'une fertilité prodigieuse et sillonnées de chemins de fer allant d'une extrémité à l'autre du littoral.

L'intégrité de notre grande colonie africaine nous dicte notre devoir d'une façon d'autant plus impérieuse que le temps est passé où la France n'avait sur mer d'autre rivale que l'Angleterre : le rôle que les puissances de la Triple-Alliance réservent à leurs escadres, dans les guerres de l'avenir, n'est désormais douteux pour personne.

En 1870, nous conservions la liberté de nos mouvements sur mer ; nous restions maîtres des communications non seulement avec l'Algérie, mais encore avec tous les pays neutres. La situation serait tout autre si la guerre venait à éclater demain. L'Italie et l'Autriche conservent sur leurs côtes presque tous leurs navires de guerre. Nos escadres de la Méditerranée se trouveraient en présence des flottes entières de ces deux puissances, auxquelles pourraient se joindre trente-cinq à quarante unités de l'escadre anglaise (1), disposant, en dehors de Gibraltar, de quatre

---

(1) A la séance de la Chambre des députés du 19 mars 1899, il n'a pu être établi si l'escadre anglaise de la Méditerranée était supérieure en nombre à l'escadre française.

En réalité, il y a deux escadres anglaises dans la Méditerranée : l'une, permanente, dont le quartier général est à Malte, et qui comprend à

bases d'opérations de premier ordre : La Spezzia, La Maddalena, Tarente et Malte.

Actuellement, si des complications surgissaient brusquement, nos forces navales de la Méditerranée, livrées à elles-mêmes, sans ports d'appui, sans refuges inviolables aménagés, se trouveraient dans une situation d'infériorité marquée vis-à-vis des flottes de la Triple-Alliance et même de l'escadre anglaise de la Méditerranée proprement dite (1). Dès 1900, cette dernière, à elle seule, sera supérieure à notre flotte méditerranéenne.

Mais une autre considération nous oblige à renforcer notre position militaire dans la Méditerranée.

Si le péril continental a été en partie conjuré, grâce à l'alliance russe; le péril maritime a considérablement grandi depuis les derniers armements de l'Angleterre. Or, dans la Méditerranée, et dans la Méditerranée seulement, les deux alliés peuvent se donner la main et unir une partie de leurs forces.

---

l'heure actuelle 12 cuirassés, c'est le *Mediterranean-Squadron ;* l'autre, non à poste fixe, mais armée en tout temps et toujours prête à rallier dès que l'horizon politique s'obscurcit, c'est le *Channel-Squadron,* qui comprend 8 cuirassés.

Aucun des orateurs de la Chambre n'a tenu compte du *Channel-Squadron.* Là est l'erreur, car cette escadre se tient, la plupart du temps, à Gibraltar et dans le bassin occidental de la Méditerranée. Au moment de l'affaire de Fashoda, par exemple, elle était aux Baléares, prête à enlever Mahon.

(1) Si le conflit avait éclaté en décembre 1898, il y aurait eu dans la Méditerranée, dès la première heure, 20 cuirassés anglais, dont 19 de premier rang, contre 15 cuirassés français, dont 6 de premier rang. Et encore faut-il tenir compte de ce fait que, dans ce chiffre de 15 cuirassés, figurent les 3 bâtiments de la division des Ecoles et les 6 de l'escadre de réserve, tandis que l'amirauté anglaise a rassemblé 20 cuirassés dans la Méditerranée sans toucher ni à ses écoles, ni à ses réserves.

Notre intérêt nous commande donc impérieusement de tout préparer pour faciliter à tout moment cette jonction. De son côté, en échange de la sécurité continentale qu'elle nous procure, la Russie — et c'est de toute justice — compte et espère trouver chez nous, non seulement l'appui d'une flotte puissante, mais encore un ravitaillement assuré en charbon, en denrées et objets de toute nature, l'aide d'importants arsenaux et, en prévision de toute éventualité, des refuges inviolables.

L'exécution du programme ci-dessus nécessiterait évidemment des dépenses assez élevées pour la construction de jetées, de fortifications, la création d'arsenaux, de docks, de dépôts de charbon, etc. Mais l'Algérie, la Tunisie et la Corse ne valent-elles pas un peu d'argent? On dépense aujourd'hui trente millions pour construire un seul cuirassé. Ne pourrait-on pas renoncer à un ou deux de ces mastodontes et créer, en échange, en Corse et sur nos côtes africaines, les bases d'opérations et les refuges sans lesquels notre flotte sera dans l'impossibilité d'agir dans les luttes futures? Les projets ne manquent pas, mais ils dorment au fond des cartons, et les jours, les années passent sans qu'on se décide à en exécuter un seul.

Les Anglais ne négligent rien quand il s'agit de la défense de leur patrie; nous ne pouvons que les en louer et chercher à imiter leur patriotisme et leur prévoyance.

L'Italie elle-même, si épuisée en hommes et en argent, regarde-t-elle aux sacrifices que son désir de dominer dans la Méditerranée et sa soif d'extension dans le nord de l'Afrique lui imposent? N'a-t-elle pas rendu inattaquables La Spezzia, La Maddalena, Messine, Tarente et même Palerme? Devons-nous renoncer à rivaliser avec elle et laisser la Corse, l'Algérie et la Tunisie sans défenses, et notre flotte sans points d'appui?

Dans les guerres maritimes, plus encore peut-être que dans les guerres terrestres, tout doit être préparé de longue main, la défense doit être organisée à l'avance.

L'histoire nous montre que l'Angleterre n'a pas pour habitude de prévenir ses adversaires de ses desseins. S'inspirant des règles pratiquées par les Allemands sur terre, elle a pris toutes ses dispositions pour une offensive foudroyante; elle nous surprendra, sans aucun doute, lorsque le moment lui paraîtra favorable, et alors il sera trop tard pour réparer en quelques jours l'oubli et la négligence de quelques années. Les travaux qu'elle exécute si fiévreusement contre nous en ce moment sont un avertissement; la plus élémentaire prudence nous commande de suivre sans retard son exemple.

Défenses des côtes.

L'Algérie et la Tunisie se présentent en façade sur la Méditerranée, de l'embouchure de l'oued Kiss au cap Bon, avec un flanc allant de ce cap au sud du golfe de Gabès. Le développement total des côtes à défendre est d'environ 2.000 kilomètres.

Jusqu'au récent incident de Fashoda, la défense de

ce littoral si étendu était très insuffisamment assurée contre des attaques brusquées par mer. L'armement des batteries de côtes vient d'être réorganisé de manière à pouvoir résister efficacement à l'artillerie des cuirassés. Néanmoins, tout le système de protection demande à être complété et perfectionné si l'on veut mettre notre littoral à l'abri de tout danger.

Un grand nombre de cités florissantes situées à ras de côte, véritables portes d'accès du pays, s'offrent aux coups de l'artillerie navale : Nemours, Mers-el-Kébir, Oran, Mostaganem, Tenez, Cherchell, Alger, Dellys, Bougie, Djidjelli, Collo, Philippeville, Bône, La Calle, Bizerte, Sousse, Sfax, Gabès. Mais il est impossible de donner à toutes ces villes une protection absolue contre un bombardement; d'ailleurs le peu d'importance de quelques-unes constituera pour elles la meilleure protection (1); quant aux autres, la défense mobile et des batteries à longue portée pourront seules en interdire les approches.

Cette défense mobile devrait être particulièrement forte et distribuée d'une manière rationnelle, avec Mers-el-Kébir et Bizerte comme citadelles extrêmes, comme places d'armes inexpugnables.

Mers-el-Kébir est le meilleur port naturel de la côte ouest. Il est facile d'accès, spacieux, d'un fond

---

(1) Quant aux villes de troisième ordre et aux villages avoisinant le littoral, leur meilleure défense réside, comme nous l'avons déjà dit, dans leur insignifiance même. L'ennemi pourrait, à la rigueur, s'y livrer à quelques déprédations d'une importance complètement nulle au point de vue militaire. Croit-on que, dans les guerres futures, on s'amusera à des piqûres d'insectes de cette espèce? Pour jouer ce rôle de moustiques, les navires de guerre modernes sont un peu gros et coûtent trop cher. (*La marine dans les guerres modernes*, par ***, 1897.)

excellent, merveilleusement abrité des vents d'ouest et offre à nos escadres un abri sûr. La rade est malheureusement très ouverte et, par suite, très vulnérable.

Pour remédier à cet inconvénient, il suffirait de construire, à peu près perpendiculairement à la langue de rochers de Mers-el-Kébir et s'appuyant au phare, une jetée. Il serait facile également de creuser dans le ravin situé au sud du Santon les bassins et formes de radoub, et d'élever, à l'abri de la montagne, l'arsenal et les ateliers de réparations.

Le long rocher sur lequel est bâti le vieux fort espagnol forme écran et masquerait le port au tir et aux vues du large d'une escadre ennemie. Le fort du Santon et la batterie de Canastel, de construction récente, peuvent croiser leurs feux. Ces deux ouvrages sont situés à des altitudes telles qu'il serait à peu près impossible à des navires de les canonner efficacement à bonne portée.

Il y aurait donc peu à faire pour transformer Mersel-Kébir en véritable port de guerre et lui rendre l'importance stratégique qu'il avait déjà du temps des Romains, sous le nom significatif de *Portus Magnus*.

Bizerte doit son importance à son lac intérieur, mis récemment en communication par un chenal d'accès avec sa rade, elle-même rendue très sûre par un avant-port de 100 hectares compris entre deux jetées nouvellement construites. Le lac, d'une longueur de 16 kilomètres sur une largeur de 10, avec d'excellents fonds variant de 10 à 13 mètres, a été ainsi rendu d'un accès facile.

La transformation de Bizerte en un port de guerre

de premier ordre est décidée en principe. Tout s'y prête, en effet : la rade, le canal, le lac, la forme de la côte, la nature mamelonnée du terrain environnant ; mais son exceptionnelle situation géographique et ses avantages maritimes n'auront leur réelle valeur que le jour où il sera pourvu de magasins, d'un arsenal, de docks, d'un dépôt de charbon, etc., de manière à en faire une base d'opérations pouvant se suffire à elle-même.

Jusqu'à présent, en dehors de la digue intérieure du lac, aucune autre construction n'est en voie d'exécution, et, à part le poste de torpilleurs situé dans le bassin actuel de Bizerte, il n'existe aucun des établissements indispensables.

Les défenses actuelles de Bizerte sont tout à fait insuffisantes. La place devrait être mise avec le plus grand soin à l'abri de coups de main qui la prendraient à revers, par des défenses continentales. Tous nos autres ports étant à fleur de rivage, Bizerte est le seul point du littoral offrant un refuge absolument assuré à nos navires ; si nous le perdions, la défense maritime de l'Algérie-Tunisie elle-même serait compromise. Il n'y a d'ailleurs aucun doute que ce point serait le premier objectif d'attaque d'une flotte ennemie, parce qu'elle y trouverait un point d'appui précieux pour ses opérations ultérieures. A nous de lui en interdire même la pensée et de prendre nos mesures en conséquence, en faisant immédiatement de ce nouveau port une forteresse capable de défier tous ses efforts.

La nature a particulièrement favorisé Bizerte en disposant en mer, sur ses approches, deux îles, véritables sentinelles avancées, dont il serait urgent de tirer parti ; ce sont, à 80 kilomètres à l'ouest, l'île de la Grande-Galite et, à 25 kilomètres à l'est, l'île des Chiens.

La Grande-Galite, qui, autrefois, servait de refuge aux pirates et de rendez-vous aux contrebandiers italiens qui apportaient des armes et des munitions, permettrait de resserrer la surveillance du détroit de Cagliari entre le cap Spartivento, en Sardaigne, et le cap Serrat, en Tunisie. L'île est formée par un gros massif de terres très élevées, derrière lequel se trouve un mouillage bien abrité contre les plus mauvais temps. Un poste d'observation fortifié et un refuge pour les torpilleurs devraient y être établis.

L'île des Chiens, dont le phare est un des jalons latéraux de la route de Malte, permet de surveiller toute la navigation sur cette route, ainsi que les approches de la rade de Bizerte.

Les deux îles devraient être pourvues chacune d'un électro-sémaphore fortifié et reliées à Bizerte au moyen d'un câble sous-marin, l'île des Chiens directement, la Galite par Tabarka. Bizerte pourrait alors commander effectivement toute la navigation du canal sicilo-tunisien, le passage d'un bassin dans l'autre n'étant plus possible que par le canal toujours dangereux de Messine.

Malgré leur mauvaise orientation et leur proximité de l'Italie et de l'Espagne, nos côtes algériennes sont relativement faciles à défendre. Tout en étant peu découpées, elles présentent cependant un certain nombre de baies et d'échancrures dans lesquelles il est possible de placer, à l'abri de batteries et de jetées plus ou moins renforcées, bien des torpilleurs. Les plus importantes de ces échancrures sont : Rachgoun, Mers-el-Kébir, Arzeu, Alger, Bougie, Collo, Philippeville, Bône, Tabarka, Bizerte, le golfe de Tunis, les îles Kerkenna et le golfe de Bou-Ghara.

M. le commandant Z... demande (1) que l'on place :

A Oran-Mers-el-Kébir : 2 croiseurs, 2 éclaireurs, 12 torpilleurs ;

A Alger : 3 éclaireurs, 12 torpilleurs ;

A Philippeville : 1 éclaireur, 6 torpilleurs ;

A Bône : 1 éclaireur, 6 torpilleurs ;

A Bizerte : 2 croiseurs, 3 éclaireurs, 18 torpilleurs ;

A Tunis : 2 éclaireurs, 10 torpilleurs.

Ce qui donne en tout : 4 croiseurs, 12 éclaireurs et 64 torpilleurs.

Mais il faudrait que les stations possédassent tous leurs torpilleurs et que ceux-ci fussent en service (2).

---

(1) *Guerres navales de demain*, commandant Z... et H. Montéchant, 1892.

(2) En France, la jeune école ne cesse de réclamer en faveur de l'armement permanent de nos défenses mobiles.

On agit comme si l'on croyait qu'il suffit de réunir un beau matin, en un point quelconque d'une côte, des torpilleurs venus de n'importe où pour que ces bâtiments soient capables d'opérer dans de bonnes conditions. Or, rien n'est plus faux.

Quelque valeur qu'il soit permis de supposer aux capitaines, ceux-ci ne navigueront pas sans hésitation, du jour au lendemain, dans des parages souvent très difficiles. Or, le vrai capitaine de torpilleur doit être en état de manœuvrer toujours sans hésitation.

Un capitaine de torpilleur ne s'improvise pas. Pour prétendre commander un torpilleur devant l'ennemi, il faut absolument avoir bien pratiqué la côte que l'on a mission de défendre.

De nuit, aussi bien que de jour, le torpilleur doit pouvoir trouver un abri, une cachette derrière une roche, dans le moindre trou. Il s'y embusquera pour surprendre l'assaillant ; il s'y réfugiera en cas de mauvaise rencontre, de telle sorte que le contre-torpilleur qui lui donnera la chasse, ou s'arrêtera devant l'obstacle, ou s'échouera.

Le capitaine de torpilleur doit donc être un véritable pilote de son

Le service des sémaphores, qui, dans l'ensemble de la défense des côtes, entre comme un élément essentiel, est en Algérie, de l'avis de la marine, d'une insuffisance manifeste.

Il importe d'établir tout le long du littoral, du Maroc à Zarzis, une ligne ininterrompue de postes sémaphoriques. Les postes devraient être pourvus d'un personnel de guetteurs militaires habitués à veiller sur mer de nuit comme de jour, à suivre ou à intercepter les signaux de toute nature en usage dans la marine, et sachant aussi bien distinguer l'espèce des navires ennemis d'après leurs silhouettes que reconnaître les bâtiments amis au moyen de signaux de reconnaissance.

Tous ces postes devraient être reliés télégraphiquement entre eux et avec les ports, soit par des lignes permanentes, soit par des lignes de campagne.

Il serait non moins indispensable d'avoir également, aux points importants, des postes de lumière électrique pourvus de puissants projecteurs et reliés télégraphiquement aux sémaphores, pour surveiller la mer dès le commencement des hostilités et mettre ainsi la côte à l'abri des surprises de nuit.

De l'embouchure de l'oued Kiss au cap Bon, la côte est bordée de falaises abordables seulement en un certain nombre de points. Ces points sont situés, pour la plupart, au fond de baies correspondant aux grandes sinuosités du rivage, savoir :

secteur de défense ; s'il ne l'est pas, l'arme qu'on lui confie perd la moitié, les trois quarts de sa valeur. (*Essai de stratégie navale*, commandant Z... et H. Montéchant, 1893.)

1° Le golfe d'Oran, qui contient : la rade de Mers-el-Kébir, la rade d'Arzeu ;

2° La baie d'Alger avec la rade foraine d'Alger ;

3° Le golfe de Bougie, qui contient : la rade de Bougie, la rade foraine de Djidjelli ;

4° Le golfe de Philippeville, qui contient : la rade foraine de Collo, la rade foraine de Stora ;

5° Le golfe de Bône avec la rade foraine de Bône ;

6° La baie de Bizerte, qui contient : l'avant-port de Bizerte, le lac intérieur ;

7° Le golfe de Tunis avec la rade de la Goulette.

Le houle du large pénètre jusqu'au fond de ces golfes, tous largement ouverts. Les seuls abris naturels qu'on y trouve sont les cinq bonnes rades et les six mouillages forains précités. Ces rades présentent toutes à peu près la même disposition et le même aspect ; elles sont situées dans la partie occidentale des baies et abritées des vents d'ouest par des escarpements.

Ces rades et ces mouillages sont défendus soit par des forts, soit par des ouvrages isolés complètement fermés, soit par des batteries armées seulement du côté de la mer et généralement fermées à la gorge par un mur crénelé. De nombreuses batteries ont été remplacées récemment, aux points les plus favorables à un débarquement, par des ouvrages armés de pièces de rupture et de bombardement.

L'ensemble de ces ouvrages constitue la défense fixe à terre. Ils ont pour but d'interdire l'approche des navires ennemis, d'empêcher les bombardements ou, tout au moins, d'en diminuer notablement l'efficacité, en forçant les bâtiments ennemis à les effectuer du large et sans s'embosser.

La plupart de ces ouvrages sont judicieusement placés et jouissent des avantages du commandement (1). Un certain nombre d'entre eux ne sont plus, il est vrai, à la hauteur des progrès de l'art de la fortification et réclament des améliorations ; mais, tels qu'ils sont, avec des canons puissants et à longue portée pourvus des appareils de pointage automatique du colonel Duport, ils sont à même de remplir très efficacement leur rôle. Malheureusement, jusqu'à ces derniers temps, le plus grand nombre n'avaient pour protection et pour garnison qu'un gardien de batterie. Comment le plan de mobilisation, avec le peu de ressources en artilleurs de l'armée active que présente la colonie, peut-il prévoir et assurer le personnel de défense de ces ouvrages en cas de surprise, d'hostilité immédiate (2)? La sécurité de l'Algérie comme notre puissance sur mer exigent, pour ce service, la présence permanente dans la colonie d'un bataillon d'artillerie à pied.

La côte est de la Tunisie n'a plus le caractère de la côte nord ; elle est basse depuis Hammamet jusqu'à

---

(1) Le commandement « permet d'avoir un tir plongeant sur les ponts, qui sont les parties les plus vulnérables des cuirassés. De plus, les batteries hautes n'ont rien à craindre du tir de bas en haut ou à angles de chute très faibles que la grande altitude impose aux navires ; les coups courts vont se noyer dans les parapets et les coups longs se perdent en arrière des batteries. Ces inconvénients ne feront que s'accentuer pour les navires, à mesure que leurs canons auront des vitesses initiales plus grandes et des trajectoires plus tendues ; et l'on sait que c'est la tendance actuelle pour les canons de la marine. Une grande altitude facilite encore l'observation des coups et le réglage du tir. » (*La marine dans les guerres modernes.*)

(2) La défense des côtes ne préoccupait les esprits qu'aux premiers symptômes d'une rupture avec l'Angleterre ; pendant la paix, on délaissait tout. (*Essai de stratégie navale.*)

Zarzis et bordée souvent de cordons littoraux sablonneux de faible relief. Creusé des deux golfes de Hammamet et de Gabès, ce littoral présente des hauts fonds obligeant les navires à fort tirant d'eau à mouiller au large.

Plusieurs points s'offrent pour l'installation ou le refuge des torpilleurs, dont la présence permanente est imposée par le voisinage de l'île de Pantellaria ; ce sont :

1° Sur la presqu'île du cap Bon, la petite anse du bordj Kélibia, abritée par le cap Ras-Moustpha ;

2° La petite rade foraine de Hammamet ;

3° Le nouveau port de Sousse avec, au large, l'abri des îles Kuriat ;

4° Le nouveau port de Sfax et les abris des îles Kerkenna ;

5° Enfin, le golfe de Bou-Ghara, couvert par l'île de Djerba.

Sur toute cette côte, la défense fixe de terre est incomplète. La création de batteries s'impose au Ras-Moustpha et aux îles Kuriat, pour défendre les approches de Sousse ; aux îles Kerkenna, pour couvrir Sfax, et sur les côtes ouest et est de l'île de Djerba, pour protéger les deux canaux de communication du golfe avec la mer.

Nous ne saurions, sans sortir du cadre restreint de ce travail, nous étendre davantage sur la question de la défense maritime des côtes algériennes ; des voix plus autorisées que la nôtre ont poussé plus d'une fois le *caveant consules;* mais examinons rapidement les opérations que pourrait tenter sur notre littoral un ennemi maître de la mer.

Ces opérations sont de trois sortes :

1° Blocus d'un ou plusieurs ports ;

2° Bombardement des villes et ports ;

3° Débarquement.

Blocus. — Les côtes algériennes sont dépourvues de mouillages naturels sûrs ; les flottes espagnoles en ont cruellement souffert plus d'une fois au cours des siècles. Cette absence de mouillages extérieurs, en obligeant à naviguer sans cesse, rend impossible le blocus d'une portion quelconque du littoral par une flotte ennemie ; le blocus d'un seul port serait même très difficile et essentiellement intermittent. En effet, à chaque coup de vent du nord-ouest, le plus fréquent et le plus dangereux dans ces parages parce qu'il affale les navires, la côte serait débloquée : on pourrait alors, avec des bâtiments à grande vitesse, ou gagner la mer ou rentrer au port en évitant les croiseurs ennemis.

Mais faisons néanmoins abstraction de cet inconvénient majeur.

Il est reconnu aujourd'hui dans toutes les marines qu'une escadre ne saurait demeurer la nuit, ou même le soir, sur une côte ennemie défendue par des torpilleurs, sans courir les plus grands périls.

Les opérations contre une côte ne peuvent donc être tentées que si, le coup fait et réussi, l'escadre d'attaque a encore le temps de regagner un port de refuge pendant le jour. En comptant les journées moyennes de dix heures, les points d'attaque ne doivent pas être éloignés de plus de dix fois la vitesse maxima de route des navires qui font l'expédition : c'est un principe universellement reconnu. En admettant qu'une escadre anglaise ou italienne puisse filer même 18 nœuds, son rayon tactique sera de 180 milles.

Si donc on prend comme centre d'un cercle de 180 milles de rayon n'importe quel port anglais ou italien de la Méditerranée, Gibraltar, La Maddalena, Malte, Messine et même Palerme, on voit que pas un seul des ports des côtes algériennes et tunisiennes ne s'y trouve. On peut donc en conclure que ni les Anglais ni les Italiens ne sont en situation de pouvoir tenter une entreprise sérieuse sur ces côtes, à moins toutefois qu'il ne s'y trouve pas de torpilleurs ou que ceux-ci soient hors de service.

Un blocus effectif des côtes d'Algérie-Tunisie est donc impossible, « avec les gros temps fréquents de cette région, l'éloignement des centres de ravitaillement, les avaries nombreuses auxquelles seront sujets les navires soumis à ces fatigantes croisières, et, sans parler du surmenage des équipages dans cette navigation de jour et de nuit et des facilités qui en résulteront pour l'action des torpilleurs de la défense. La plupart des marins considèrent ces blocus comme irréalisables, surtout devant les paquebots et les navires à vapeur modernes, qui pourront toujours, grâce à leur grande vitesse, échapper aux navires de guerre qui croiseront devant le littoral » (1).

Bombardements. — Le général Brialmont pose en principe que l'artillerie des forts et des batteries de côtes a une supériorité marquée sur celle des bâtiments. Parmi les exemples cités par l'éminent ingé-

---

(1) *La marine dans les guerres modernes.*

nieur belge, nous retiendrons seulement celui de
l'attaque du fort Meks à Alexandrie :

Cinq bâtiments cuirassés anglais, le *Monarch*, la *Penelope*,
l'*Invincible*, le *Temeraire* et l'*Inflexible*, dont trois à tourelle et
deux à batterie, possédant un armement de 53 canons de divers
calibres, furent chargés de l'opération. Le fort n'avait que
5 gros canons rayés se chargeant par la bouche, 9 canons lisses
et 5 mortiers.

Les navires, pendant trois heures et dem'e, lancèrent contre
le fort 580 gros obus et 340 petits. Pas un seul canon du fort ne
fut mis hors de service, et il fallut l'adjonction de quatre ca-
nonnières pour réduire le fort au silence.

« Si les forts d'Alexandrie, dit l'*United Service Gazette,* avaient
été armés de canons plus parfaits, comme ceux qu'on rencontre
sur les côtes allemandes et françaises, les résultats de la lutte
eussent été bien différents. Probablement, nous aurions eu un
tiers de notre flotte, sinon coulé, au moins hors de combat et
perdu en définitive. »

Jusqu'à présent, il ne s'est produit aucun fait de
guerre où une escadre ait eu à lutter contre une artillerie de côte à la hauteur des derniers progrès, servie
par des pointeurs exercés au tir en mer sur but mobile et commandés par des officiers connaissant bien
leur métier et familiarisés avec les questions de tir.
L'artillerie des forts attaqués dans ces dernières
années se composait de pièces de modèles surannés,
d'une portée et d'une précision insuffisantes et était
mal servie par un personnel exotique ignorant.

La supériorité des batteries de côtes sur l'artillerie
des navires ne saurait être sérieusement contestée.

En effet, sur le navire, plate-forme essentiellement
instable où le moindre roulis, même imperceptible,
peut influer sur les résultats du tir :

Le pointeur doit saisir, pour lâcher son coup de canon, l'instant précis où l'oscillation du navire va amener sa ligne de

mire à passer par le but; outre les qualités du pointeur à terre, il doit faire preuve d'un très grand sang-froid et de beaucoup de décision. Il n'a qu'un instant fugitif pour envoyer son coup de canon; s'il hésite, s'il tarde ou s'il se presse trop, le coup est généralement très mauvais et le projectile lancé en pure perte. A terre, le pointeur est une simple machine à mettre trois points en ligne droite, à savoir : l'œilleton de la hausse, le guidon et le but. La mobilité de but ne complique pas, comme on le croit, cette opération pour peu qu'on ait affaire à un matériel facilement maniable en hauteur et en direction. Du reste, le personnel d'artillerie affecté aux batteries de côte est exercé uniquement au tir sur les navires en mouvement; tous les tirs d'exercice et les écoles à feu annuelles se font exclusivement sur des buts mobiles.

Ce manque de fixité de la plate-forme influe encore sur la conduite du feu. A bord, chaque pièce opère individuellement, sous la direction à peu près unique de son pointeur. Les pièces ne sont généralement pas, comme à terre, groupées en batteries de même calibre, tirant sous un même commandement; ce groupement est d'ailleurs presque impossible à réaliser avec la diversité des calibres et la complication des navires modernes. La conduite du feu échappera, par suite, en partie, à l'officier canonnier; la désignation des objectifs, les transmissions des corrections à faire subir aux hausses seront extrêmement difficiles au milieu du combat, et le réglage du tir sera forcément assez précaire.

La batterie de côte, au contraire, est bien dans la main de l'officier qui la commande; la désignation des objectifs, le pointage, l'observation des coups, la transmission des corrections et des données du tir se font sans aucune difficulté.

De plus, à égalité d'adresse, le danger d'être atteint se mesure à l'étendue des surfaces vulnérables de part et d'autre. Or, avec les canons à trajectoire tendue, dont les projectiles arriveront dans les batteries sous des angles de chute très faibles et ne pourront rien contre les magasins et les abris largement couverts contre ce tir de plein fouet, les seules parties vulnérables des batteries sont les pièces émergeant au-dessus de l'épaulement; les coups qui n'atteindront pas les pièces iront se perdre dans l'épaulement ou passeront par-dessus la batterie : c'est donc une cible bien restreinte. Les navires présentent, au contraire, une surface considérable et ont, par suite, beaucoup plus de chances d'être atteints.

Un autre avantage des batteries, c'est d'avoir des approvisionnements à peu près illimités et de pouvoir commencer leur tir aux plus grandes distances, sans crainte de gaspiller leurs munitions.

Mais ce qui constitue l'énorme supériorité de la batterie, c'est de n'avoir besoin que d'un coup heureux pour mettre un navire hors de combat, tandis que l'inverse ne peut avoir lieu (1).

Alors tout ce qui se trouve dans le voisinage de l'explosion d'un obus est entièrement détruit; des milliers de morceaux de fer sont projetés dans tous les sens avec une vitesse énorme et traversent les ponts et les cloisons. Lorsque l'explosion a lieu au-dessus du pont blindé, ce dernier est défoncé sur une grande surface, et ses débris, formant projectiles, détruisent tout ce qui se trouve au-dessous d'eux dans l'intérieur...

Les explosifs puissants, au bout de quelques minutes de combat, auront fait brèche dans cette énorme cible, et on assistera peut-être à l'effondrement des étages supérieurs sur le pont principal. La désorganisation qui s'ensuivra, la rupture probable des communications entre la passerelle et les fonds du navire, enfin la destruction à peu près certaine du personnel combattant à ciel ouvert et dans la batterie, telles seront les conséquences du combat. Cette machine de guerre si coûteuse et si imposante, sur laquelle on avait fondé naguère tant d'espérances, ne sera plus qu'un radeau encombré de débris, capable tout au plus d'aller se réfugier dans un port (2).

Sa petite et sa moyenne artillerie seront en partie hors de combat; le fonctionnement de ses grosses pièces, compromis par les tôles bouleversées qui empêcheront les tourelles de tourner; ses projecteurs anéantis, ses cheminées criblées, ses monte-charges mis hors de service, ses appareils à gouverner avariés ou détruits, ainsi qu'une partie des logements des officiers et des hommes (3).

Dès que la charge explosive est un peu grande, ses effets d'ébranlement deviennent formidables. Ainsi, une dizaine de kilogrammes de mélinite, éclatant entre deux ponts dans l'intérieur d'un cuirassé, fait jouer les liaisons des barrots sur une grande étendue, tord ou casse les poutres de pont voisines du point d'explosion, crève les ponts eux-mêmes, en arrachant les tôles, distend souvent jusqu'à la rupture tous les fils électriques

---

(1) *La marine dans les guerres modernes.*

(2) Extrait d'un article du *Yacht*, dû à M. Desbanes et reproduit dans le *Naval Annual* de lord Brassey.

(3) *La marine dans les guerres modernes.*

dans le voisinage, défonce les tôles de chaudière et les tuyaux de vapeur, notamment en disjoignant les collerettes. En un mot, l'explosion d'une pareille charge de mélinite désorganise à bord tous les organes de la vie du navire dans un rayon de plusieurs mètres autour du point d'explosion. En outre, la fumée asphyxiante produite interdit l'accès de l'enceinte où a eu lieu l'explosion pendant quinze à vingt minutes, même avec une ventilation assez énergique (1).

Or, les batteries ont des projectiles contenant plus de trente kilogrammes de mélinite.

Un navire soumis à pareil traitement sera inutilisable pour le reste de la campagne. Il n'aura qu'à gagner au plus vite un de ses ports d'attache pour ne pas succomber sous les coups du premier torpilleur qu'il pourrait rencontrer et contre lequel il n'aurait plus de moyen de défense. En fait, il faut si peu de chose pour frapper au cœur cette énorme machine de guerre, pour anéantir les centaines d'existences qu'elle porte et faire couler à pic les nombreux millions qu'elle a coûté, que la lutte restera disproportionnée entre un navire qui risquera tout et une batterie qui ne risquera rien.

On commence heureusement, dans la marine, à se faire des idées plus raisonnables sur cette question (2).

« On ne saurait, dit l'amiral Fournier dans son livre sur *La flotte nécessaire,* mettre en balance les risques encourus de part et d'autre, dans une lutte entre des navires et des ouvrages de côte bétonnés, armés d'une puissante artillerie moderne. Cette opération se conçoit lorsqu'elle est commandée par la nécessité de seconder, du côté du large, au moyen d'un bombardement à grande distance, l'attaque principale sur terre d'un corps de débarquement devant aboutir à la prise de possession et à l'occupation militaire de l'obstacle. Mais, effectuée isolément, elle ne peut se dénouer que par la retraite de l'assaillant, quelque succès relatif qu'ait eu son bombardement ; celui-ci sera, en effet, contraint de se retirer lorsqu'il se verra, sans profits sensibles, affaibli par les pertes et les avaries dues aux ripostes de l'ennemi, par l'épuisement de la majeure partie de ses munitions et exposé ainsi, en prolongeant l'action, à se trouver à la merci d'une force navale antagoniste voulant soutenir la défense, ou d'un coup de vent qui le surprendrait pendant son retour et

(1) Extrait d'un article de la *Marine française.*
(2) *La marine dans les guerres modernes.*

l'inonderait par ses trous béants, au point, peut-être, de le mettre en danger de sombrer ».

La défense fixe de terre paraît donc assurer une protection sérieuse aux points qu'elle a pour mission de défendre. On hésitera toujours à aventurer sous le feu des batteries modernes, puissamment armées, des navires dont les prix de revient vont jusqu'à 25 ou 30 millions, et qui, à cause de ce prix même, sont en nombre si limité dans les diverses marines. Une escadre qui se livrerait à des opérations de ce genre verrait vite ses navires disparaître.

Quant aux localités de deuxième ou troisième ordre non défendues par des batteries, leur bombardement, en raison de leur faible importance, sera exécuté par des navires isolés. Voici ce que dit à ce sujet le général Borgnis-Desbordes (1) :

Dans ce cas, le navire court, au plus, le risque d'être attaqué par des torpilleurs, et nous le supposerons dans les conditions les plus favorables, c'est-à-dire qu'il n'aura rien à craindre de ces derniers, qu'il sera à bonne distance pour le bombardement, que la mer sera belle et que son artillerie sera bien dirigée et bien servie.

L'ennemi détruira plus ou moins quelques maisons ; il causera des dommages aux jardins, aux promenades, aux places publiques; il aura forcé les habitants à faire une excursion aux environs dont ils ne se souciaient pas ; il aura peut-être tué quelques pompiers. Quelle peut être l'utilité d'une pareille opération, si la marine agit, comme nous l'admettons, dans le cours d'une grande guerre continentale ?

On peut affirmer que la destruction de quelques maisons et de quelques arbres n'avancera en rien la solution du litige soulevé : ce serait là une opération sans but sérieux, sans gloire et sans profit.

Au point de vue de l'effet moral, il est certain que l'action exercée sur les populations de la localité ou

(1) *Des opérations maritimes contre les côtes et des débarquements*, par M. D. B. G., 1894.

des localités atteintes par un bombardement sera bien
atténuée par la possibilité où elles se trouveront toujours de se soustraire aux effets des projectiles en ga-
gnant la campagne. Des ruines matérielles se produi-
ront inévitablement et qui ne seront pas sans causer
un dommage réel à la fortune des particuliers et, par
contre-coup, aux finances de l'Etat; mais elles n'auront de répercussion sur le Trésor public que plus
tard, une fois la paix faite.

Les ravages que produirait le bombardement de
toutes les villes du littoral, en supposant qu'il pût
se faire, ravages bien moins considérables, d'après les
généraux Borgnis-Desbordes, Brialmont et autres,
qu'on se l'imagine généralement, n'auraient aucune
influence sur la défense générale de la colonie.

Débarquements. — La faiblesse des anciennes armées, les difficultés d'informations et de communications, rendaient autrefois les débarquements, avec de
simples troupes d'infanterie, possibles et relativement
faciles, puisqu'on avait à peu près la certitude de ne
trouver aucune force organisée devant soi et d'avoir
le temps de reprendre le large avant que les troupes
de la défense eussent pu être prévenues.

Il n'en est plus de même aujourd'hui, où des éléments nouveaux sont entrés en action.

Pour jouer un rôle en face des armées modernes, il faut maintenant des corps de débarquement ayant de forts effectifs, non
plus composés uniquement d'infanterie, mais possédant de l'artillerie, de la cavalerie et tous les accessoires. Il en résulte une
première difficulté tenant à l'importance des flottes de transport qu'on est obligé de mettre en mouvement (1).

----

(1) *La marine dans les guerres modernes.*

M. le lieutenant de vaisseau Rouyer, dans ses conférences sur la marine à l'Ecole supérieure de guerre, admet, d'après des données fournies par des études italiennes, qu'il faut une flotte de 116.000 tonneaux, chiffre considérable, pour transporter un corps d'armée. Son prédécesseur à l'Ecole de guerre, M. le lieutenant de vaisseau Degouy, sans chercher à évaluer la capacité de transport de la flotte française, indiquait un effectif de 50.000 hommes comme un maximum qu'il serait difficile d'atteindre pour un corps de débarquement, et encore, d'après lui, c'est à 30.000 hommes qu'il faudrait limiter cet effectif si l'on voulait tenter l'opération dans les quinze ou vingt premiers jours de la guerre.

Cette question des effectifs transportables n'ayant pas d'importance dans cette étude, nous retiendrons seulement l'énormité des flottes à mettre en mouvement pour transporter un simple corps d'armée.

Il faudra du temps, et on aura bien des difficultés à rassembler tous ces navires et à les aménager pour le transport du matériel et des chevaux.

Les navires rassemblés, les ports d'embarquement choisis, il faudra embarquer en bon ordre tout ce corps expéditionnaire, hommes et chevaux, et l'énorme matériel qu'il devra traîner à sa suite. Des précautions très minutieuses devront être prises pour éviter la confusion et le désordre au point de débarquement, et ne pas s'exposer à ces déboires que signalait le maréchal de Saint-Arnaud, lors de notre atterrissage à Gallipoli avant la guerre de Crimée (1).

Mais faisons la part belle à l'assaillant : admettons que la première partie de l'opération ait parfaitement réussi et supposons que le corps expéditionnaire,

---

1) *La marine dans les guerres modernes.*

monté sur ses nombreux transports, ait pris le large escorté des navires de guerre, et que cette nouvelle Armada couvrant la mer de ses innombrables vaisseaux, soit près d'arriver en vue des côtes sur lesquelles il désire débarquer.

Ce qu'il faut éviter à tout prix c'est d'y rencontrer l'ennemi en force.

Un débarquement de vive force est maintenant, en effet, une opération des plus périlleuses, en présence des fusils à tir rapide et des canons modernes. On parle bien de rendre les places intenables par le feu des escadres ; mais, dans la pratique, les navires de guerre, forcés de s'arrêter à 1.000 ou 1.500 mètres du rivage, peut-être plus loin, à cause de leur tirant d'eau et des risques d'échouage, gênés, de plus, par la flotte de transport, auront de grandes difficultés pour régler leur tir sur un ennemi qui, ayant des armes à longue portée, se gardera de paraître sur la plage et se tiendra caché derrière les dunes ou les hauteurs qui bordent le littoral, ou plus loin dans l'intérieur des terres. Le feu des navires, violent mais dispersé, n'aura donc pas une grande efficacité (1). La défense se gardera bien d'y répondre et attendra que la descente commence pour faire entrer en action ses fusils à tir rapide et ses batteries de campagne. Grâce à la facilité d'observation des points de chute des obus et même des balles sur l'eau et sur le sable, son tir sera vite réglé. Qu'on juge maintenant de l'effet d'une salve fusante d'obus à mitraille, venant arroser, à son arrivée sur la plage, le personnel entassé dans les chalands de débarquement.

Un obus à mitraille donne une gerbe de 250 balles et éclats efficaces venant couvrir, avec une densité suffisante, une bande de terrain de 200 mètres de longueur sur 40 à 50 mètres de largeur.

Les feux de salve de l'infanterie exécutés à grande distance, qui remplacent maintenant le tir individuel, n'auront pas d'effets moins terribles dans le désarroi d'un débarquement, au milieu d'hommes peut-être déjà à moitié démoralisés par le mal de mer, qu'il faudra rassembler et former sous ce feu violent.

---

(1) Dans le bombardement du camp des insurgés en Crète, 70 obus ont été tirés par les cuirassés. Résultat : 3 tués, 15 blessés.

L'emploi de la poudre sans fumée est encore un nouveau facteur en faveur de la défense. Pour balayer de ses feux ce glacis
idéal offert par la plage, son infanterie pourra souvent rester
dissimulée derrière des haies ou le plus petit repli de terrain ;
l'artillerie se tiendra dans des positions de tir indirect que la
fumée ne décélera plus. La défense est donc dans des conditions
exceptionnellement favorables.

Par contre, comme le fait remarquer M. le lieutenant de vaisseau Degouy, dès que les troupes de débarquement veulent
prendre terre devant les défenseurs, elles sont exposées aux
plus grandes difficultés tactiques ; il leur est impossible de se
former autrement que sous le feu, souvent par petits groupes
isolés, toujours avec la certitude de courir à un danger nouveau,
celui d'être jetées à la mer si leur attaque est repoussée. Nous
pourrions encore parler de la déclivité du terrain, de la difficulté
d'accostage, de la marche pénible dans le sable ou dans la vase,
du manque absolu d'abri. Enfin, ces difficultés sont telles qu'un
chef résolu et de sang-froid n'hésitera jamais à défendre une
plage contre des forces bien supérieures.

Sera-t-il facile d'éviter cette lutte si dangereuse ?

Malgré toutes les précautions prises dès le début, l'assaillant
ne saurait se flatter de garder longtemps le secret sur une entreprise de cette importance, nécessitant un tel rassemblement
de navires, de troupes et de matériel.

La défense sera sur ses gardes ; l'assaillant aura donc
affaire à une côte occupée et bien surveillée, et, dans ces conditions, il semble bien difficile qu'il puisse échapper à une lutte
sur la plage même de débarquement.

Pour essayer de tromper la défense et l'amener à dégarnir la
zone d'attaque, des démonstrations seront évidemment faites
sur des points éloignés. L'assaillant emploiera à cet effet quelques navires de guerre et peut-être quelques transports, mais
en nombre très limité ; il ne peut songer à faire participer à ces
démonstrations tout cet énorme convoi, si peu maniable, qu'il
aura hâte de faire arriver au point voulu. La défense, qui connaît l'importance de l'expédition et de la flotte de transport, se
laissera-t-elle tromper par ces feintes exécutées par quelques
navires ? Elle n'aura qu'à se tenir tranquille et à attendre, pour
déplacer ses gros, que les postes de surveillance lui aient signalé l'approche certaine de cet énorme convoi (1), visible de loin

(1) Une flotte pareille peut être signalée au moins deux heures à
l'avance par le service sémaphorique.

à l'œil nu et dont on arrivera difficilement à dissimuler les mouvements. Mais, en définitive, la défense peut se laisser surprendre, et il est possible que l'assaillant trouve la plage de débarquement à peu près dégarnie (1). Nous pourrions parler d'un nouveau danger auquel il est encore exposé pendant l'opération même de la descente : « Un vent subit, la houle qui arrive inopinément du large, en plein calme souvent, une brume épaisse, un orage, etc..., et voilà le débarquement interrompu et une avant-garde isolée sur une côte ennemie, privée de renforts et dans une position critique (2). » D'autant plus critique que les forces de la défense ne sont pas loin et approchent à marches forcées.

Supposons encore que la descente se soit faite sans encombre, et que le corps de débarquement, au grand complet, ait mis pied à terre. Est-il au bout de ses peines, et le dernier obstacle est-il surmonté ?

Non, il en reste un autre, et celui-là infranchissable : c'est la nation armée moderne, à laquelle l'assaillant va se heurter et dont il n'a jusqu'ici refoulé que le premier échelon.

Derrière cette avant-garde des troupes côtières, qui se sont laissé surprendre et devancer sur la plage de débarquement, vont arriver toutes les troupes de deuxième ligne fournies par les mobilisations modernes. Appelées par le télégraphe, même des points les plus reculés du territoire s'il le faut, ces troupes vont rapidement arriver par les voies ferrées et assurer très vite à la défense une supériorité numérique écrasante.

L'assaillant n'est déjà pas dans une situation très enviable. A l'annonce d'une expédition sur le littoral, la défense a fait refouler vers l'intérieur les vivres et tous les moyens de transport, matériel de voies ferrées, voitures, chevaux, etc., afin de le mettre dans l'embarras et de le forcer à s'empêtrer de longs convois. Menacé sur les flancs, forcé de garder, par de forts détachements, sa ligne de communication et sa base d'opérations, l'assaillant voit ses effectifs fondre. Il lui faudrait de la

---

(1) D'après le commandant Z..., il faut douze heures pour opérer le débarquement d'un corps d'armée complet par un beau temps, à condition que la plage sur laquelle on opère le débarquement ait une étendue suffisante. En comptant 150 mètres par bataillon et 100 mètres par batterie, il faudrait un développement de plage de 6 kilomètres, la cavalerie, le génie et les services accessoires ne débarquant qu'après ces deux armes. (*Essai de stratégie navale.*)

(2) Degouy, *Les opérations combinées.*

cavalerie pour se donner de l'air, s'éclairer, détruire au loin les voies ferrées pour arrêter les défenseurs qui arrivent, et c'est précisément cette cavalerie qui lui fait défaut, à cause de la difficulté du transport des chevaux. Cependant, les troupes de la défense continuent d'affluer de tous les côtés, largement pourvues de tout, bien renseignées et dans une situation morale bien supérieure à celle de l'assaillant, qui ne se sent pas très sûr de ses derrières. Croit-on qu'il pourra, dans ces conditions, aller bien loin (1)?

Il résulte de toutes ces considérations qu'un débarquement important en Algérie ou en Tunisie constitue à l'heure actuelle, suivant l'expression appliquée par le général von der Goltz à tous les débarquements contre un pays jouissant d'une bonne organisation militaire, un « *épouvantail plutôt qu'un danger sérieux* ».

Les conditions dans lesquelles pourrait s'effectuer ce débarquement sont, en effet, particulièrement désavantageuses pour l'assaillant.

Tout d'abord, les côtes algériennes, bordées de falaises sur toute leur longueur, ne sont abordables qu'en un nombre limité de points, situés pour la plupart au fond de baies bien appuyées et généralement en communication par voie ferrée avec la grande ligne parallèle au littoral. Les mouillages sont partout dangereux. En outre, si le vent du nord-ouest, le plus fréquent sur ces côtes, venait à se lever, quantité de ces innombrables navires chasseraient sur leurs ancres ; et ce pourrait être alors un désastre renouvelé de ceux si souvent éprouvés aux siècles derniers par les flottes espagnoles, désastre

---

(1) *La marine dans les guerres modernes.*

d'autant plus probable que les navires sont plus nombreux et plus resserrés au mouillage.

Le front de mer est de la Tunisie est le plus dégarni et semble, à première vue, le plus favorable à un débarquement important; mais, en réalité, l'opération ne présente pas moins de difficultés et d'aléas que sur le front nord. En effet, la côte tunisienne est naturellement protégée contre toute tentative nécessitant l'emploi de gros navires par le peu de profondeur de ses eaux; de plus, les vents du nord et du nord-est se font sentir avec la même violence et produisent les mêmes effets en mer, dans tout le golfe de Gabès, que le vent du nord-ouest sur la côte d'Algérie. Néanmoins, il y a lieu d'organiser, comme nous l'avons indiqué, la défense de la côte tunisienne contre les opérations de petite ou de moyenne envergure.

En résumé, s'il existe sur les côtes algérienne et tunisienne quelques points où il est possible de mettre pied à terre par une mer tranquille, il est impossible d'y hasarder le débarquement d'un corps d'armée. Ces points peuvent être utilisés seulement pour de petits débarquements ou des coups de main exécutés avec les compagnies de débarquement des escadres.

Or, ces petites opérations ne peuvent être risquées que si l'on a la certitude de n'avoir en face de soi aucune force organisée, car le moindre à-coup, la surprise en flagrant délit de débarquement, la moindre résistance à laquelle on ne s'attendait pas, peuvent avoir des conséquences désastreuses, surtout en présence des fusils et des canons modernes.

Un débarquement de jour ne pouvant être essayé sur un point de nos côtes, dans un endroit défendu, qu'après la destruction préalable de presque toutes les défenses extérieures de ce point, il en résulte naturellement que l'attaqué aura toujours le temps nécessaire pour rassembler ses milices et appeler à son secours les défenses mobiles des environs. L'assaillant osera rarement s'aventurer à terre dans de telles conditions, et l'on peut avancer, sans crainte d'être contredit, que, s'il veut opérer de jour une diversion sérieuse sur notre frontière maritime, il recherchera, pour débarquer, non seulement des points non défendus, mais encore, parmi ces points, ceux qui lui paraîtront les plus difficiles à secourir par les défenses mobiles voisines. Quoi qu'il fasse cependant, quelques précautions qu'il prenne, il lui sera bien difficile, pour ne pas dire impossible, de mettre pied à terre sans avoir été signalé, et il lui faudra être bien puissant pour essayer l'attaque.

S'il est surpris dans son débarquement, si les défenseurs arrivent sur la plage avant qu'il y ait débarqué, il devra pouvoir leur opposer des troupes au moins quatre fois supérieures.

Pour qui a assisté à ce genre de débarquement, pour qui est un peu au courant des choses de la marine, il paraît certain qu'un débarquement de vive force peut être arrêté par des troupes cinq ou six fois plus faibles que celles des assaillants (1).

Trois points cependant doivent être mis tout particulièrement et d'une manière permanente à l'abri de toute tentative par mer : Bizerte, Mers-el-Kébir et Alger. Nous avons déjà fait ressortir l'intérêt qu'aurait un ennemi à se rendre maître surtout de la première de ces places, non seulement pour nous enlever le seul port de refuge absolument sûr du littoral, mais encore pour s'assurer à lui-même, le plus tôt possible, un point de ravitaillement et de repos lui permettant d'agir sur nos côtes ; il tentera l'impossible pour l'acquérir avant même la déclaration officielle de la guerre. En ce qui concerne Alger, une opération heu-

---

(1) *Essai de stratégie navale.*

reuse contre cette ville, centre administratif et militaire de la colonie, pourrait avoir un retentissement très grave à l'intérieur.

Comme nous le démontrerons, l'Algérie-Tunisie pourra, même avec son effectif de paix réduit, disposer en cas de guerre, rien que dans le Tell, de plus de 60.000 hommes de troupes actives pour la défense de ses côtes et la défense mobile à terre. Avec les réserves indigènes instruites, notre colonie africaine n'a rien à redouter de la mer. La défense est d'ailleurs favorisée, non seulement par les bonnes positions défensives que présentent les abords des plages algériennes, mais encore par la conformation des régions bordant le littoral, toutes très accidentées, faciles à défendre et dont la traversée serait à peu près impossible aux assaillants.

Un des principaux éléments de succès dans les guerres actuelles réside dans la rapidité des communications. Cette rapidité a une importance exceptionnelle dans la défense des côtes, qu'il est impossible d'assurer en répartissant les troupes uniformément le long du littoral. Celles-ci doivent être disposées par groupes en arrière du littoral, sur des points de rassemblement judicieusement choisis, d'où, grâce aux lignes télégraphiques, aux chemins de fer, et aussi au réseau routier, elles puissent être rapidement appelées et transportées sur les points attaqués. Si les troupes côtières se laissent devancer ou ne suffisent pas à empêcher un débarquement, leur rôle consiste à harceler le corps débarqué, en évitant de s'engager à fond, de manière à permettre aux troupes de secours d'arriver.

Une grande ligne ferrée, partant de Tlemcen et allant jusqu'à Tunis, et de là à Sousse, réunit entre eux presque tous les ports, soit par elle-même, soit au moyen de tronçons; elle permet de remplir ce programme. Cependant, cette ligne de transport, pour donner tout l'effet utile désirable, réclame certaines améliorations et certains compléments, savoir :

1º Perfectionnement technique de la ligne existante, de manière à en augmenter le rendement dans le transport spécial des trains militaires;

2º Continuation de la voie ferrée du littoral est de la Tunisie jusqu'en un point situé au sud de Gabès, sur les rives du golfe de Bou-Ghara;

3º Construction du tronçon de Tlemcen à Lalla-Maghnia, avec prolongement jusqu'à Nemours;

4º Construction d'un tronçon de raccordement à travers la Mitidja, de Montpensier à Palestro par exemple, la section actuelle de Maison-Carrée à Beni-Aïcha longeant la côte de trop près;

5º Création d'un tronçon de manœuvre de Souk-el-Arba à Tabarka par Aïn-Draham;

6º Achèvement du réseau à voie étroite de la presqu'île du cap Bon.

Dans la lutte future, deux cas pourront se présenter : une guerre entre la Double et la Triple-Alliance ou une guerre entre nous seuls et l'Angleterre.

Dans le premier cas, le grand acte de la guerre sera surtout une guerre continentale : la question se résoudra sur le Rhin. Au point de vue de l'action maritime dans la Méditerranée, notre principal adversaire sera l'Italie.

Or, il n'est pas douteux que notre grande île méditerranéenne et nos possessions du nord de l'Afrique ne soient un objet de convoitise pour les Italiens et ne constituent, avec quelques-uns de nos départements de la frontière des Alpes, la part de butin qu'ils s'adjugeraient volontiers si nous étions vaincus par la Triple-Alliance. Mais qui veut la fin veut les moyens, et le seul moyen pour les Italiens d'arriver à cette fin, c'est d'assurer notre défaite dans la grande guerre. Si nous sommes vaincus dans la lutte continentale, il nous faudra bien accepter les conditions du vainqueur, quelque dures qu'elles puissent être, et il en sera fait de la Corse et de la Tunisie, quand bien même les Italiens se seraient abstenus d'y faire la moindre tentative de débarquement. C'est donc avant tout notre défaite continentale que les Italiens doivent se proposer, et le chemin le plus court pour arriver en Corse et en Tunisie, c'est encore d'aller renforcer l'offensive allemande sur le théâtre d'opérations décisives, sur le Rhin (1).

D'ailleurs, un débarquement en Algérie ou en Tunisie n'aurait aucune conséquence directe ou indirecte sur cette guerre continentale, et, en jetant un corps d'armée dans notre colonie, les puissances de la Triple-Alliance affaibliraient d'autant l'armée qui combat sur le théâtre principal.

Avec l'Angleterre, la lutte sera exclusivement maritime. Essaiera-t-elle, après nous avoir chassés de toutes les mers, d'opérer des débarquements ?

L'Angleterre manque de troupes pour ces opérations ; mais en eût-elle, que ce serait folie de sa part de venir mettre pied dans le guêpier continental et de s'exposer ainsi, bénévolement, à un désastre inévitable ; les Anglais sont un peuple bien trop avisé pour faire cette sottise de risquer de laisser prisonnier entre nos mains tout un corps expéditionnaire et de nous donner ainsi, alors que nous n'en possédons pas, un excellent moyen pour les rendre accommodants. Les Anglais se contenteront d'agir contre nous avec leur seule flotte, sans coopération de leur armée de terre.

---

(1) *La marine dans les guerres modernes.*

Nous ne croyons pas non plus au ravage des côtes par les escadres anglaises (1).

Se figure-t-on seulement les risques que courrait l'immense flotte de transport et d'escorte d'un corps d'armée anglais longeant la côte française devant Brest et Rochefort ?

Ce sera surtout contre nos colonies lointaines que l'Angleterre pourra agir, contre notre commerce maritime, qu'elle pourra complètement paralyser soit par le blocus de nos côtes, que le grand nombre de ses navires et la proximité des centres de ravitaillement lui permettraient peut-être de réaliser, soit en nous fermant, par des croisières, nos principales voies commerciales (1).

Dans l'une ou l'autre hypothèse, l'Algérie-Tunisie n'a rien de sérieux à craindre du côté de la mer, surtout si nos adversaires savent que sa défense est bien assurée.

FRONTIÈRE DE L'OUEST OU MAROCAINE

Situation politique; organisation défensive. (2)

Le flanc ouest de l'Algérie est séparé du Maroc par une ligne purement conventionnelle, fixée à grands traits et divisant de la façon la plus bizarre les tribus de même origine en deux parties, sans tenir aucun compte des accidents géographiques.

---

(1) *La marine dans les guerres modernes.*

(2) Relativement à cette région et ses populations, nous avons pu mettre à contribution des notes prises à de remarquables *Conférences sur l'Algérie* faites en 1886 aux officiers de la garnison de Clermont-Ferrand par M. le commandant, depuis lieutenant-colonel Dufieux, qui fut un des plus distingués directeurs des affaires arabes de la province d'Oran.

En 1845, lors de la signature du traité qui terminait notre différend avec le Maroc, nous connaissions très imparfaitement les conditions géographiques et politiques de la région; le délégué du sultan, Si Ahmed-ben-Ali, abusa de notre ignorance.

Cette absence de frontières naturelles entre l'Algérie et le Maroc, les difficultés quotidiennes inhérentes à un enchevêtrement de populations relevant ou prétendant relever d'autorités différentes, mettent la France dans l'impossibilité d'exercer sans chances de complications, sur la limite fictive qui lui tient actuellement lieu de frontière, la moindre police en temps normal et les moindres représailles en temps de troubles.

En effet, à toutes les époques, les populations marocaines, sinon le pouvoir central, ont donné à celles de nos tribus qui se mettaient en état de révolte contre nous, l'appui de leurs armes et un asile pour leurs familles et leurs biens. Les efforts du gouvernement français pour amener le Maghzen à faire refuser à nos dissidents l'appui et le secours des tribus et des ksour marocains et à les refouler même par la force, n'ont abouti qu'à la constatation réitérée de l'impuissance du sultan à se faire obéir dans ces régions de son empire, et de sa satisfaction de se retrancher derrière cette impuissance qui faisait le jeu de son sentiment intime.

Jadis, à la faveur de notre prestige, nous faisions exclusivement la police sur notre frontière, et nous donnions au traité une interprétation peu conforme au texte, mais largement compatible avec notre intérêt. Ainsi, après avoir constaté l'impuissance du sultan à leur égard, nous agissions toujours, dans la mesure de nos moyens, contre les tribus marocaines auprès desquelles nos dissidents trouvaient appui, comme nous agissions contre nos propres dissidents. Et nos répressions ne furent jamais l'occasion d'un *casus belli* de la part du gouvernement marocain ou d'un autre (1); l'expédition, en 1870, du général Wimpffen sur le territoire de la tribu marocaine des Doui-Menia avait passé inaperçue en Europe.

Mais, plus tard, le Maroc, cessant d'être réfractaire à tout commerce diplomatique avec les puissances chrétiennes, des légations prirent pied à Tanger, à côté de la nôtre. Et nous ne tardâmes pas à nous apercevoir, rien que dans la manière dont se traitèrent les affaires marocaines, que les événements de 1870 avaient amoindri notre situation. Demandant alors à la pure diplomatie ce que nous n'osions plus demander à nos armes, nous avons maintes fois constaté combien était insuffisante notre action sur un Etat qui se sert d'autant plus habilement de l'inertie et de la ruse qu'il est inspiré par certaines chancelleries.

A l'appui de cette thèse, il est nécessaire de citer quelques exemples :

En 1882, lors de la poursuite de Bou-Amama, nous

---

(1) M. de Montauban alla les chercher jusqu'au delà des frontières, qu'il ne craignit pas de franchir, exemple suivi peu après par le général Mac-Mahon, du côté de Tunis, ainsi qu'on l'a vu un peu plus haut. Les deux Etats barbaresques ne s'en plaignirent nullement, tandis qu'il est possible que, si l'affaire des Beni-Snassen et celle des Ouchteta eussent été traitées régulièrement par les voies diplomatiques, il en fût résulté une rupture ouverte. Les barbares sont ainsi faits; nos généraux le comprennent mieux que nos diplomates. (*Annales algériennes*, par Pélissier de Reynaud, tome III, page 330.)

avons laissé impunis les gens du Figuig qui avaient attaqué une de nos colonnes; il y avait là pure crainte de complications diplomatiques. Nous pouvions cependant pénétrer dans ces oasis, non seulement en vertu d'une clause du traité de 1845, mais encore en vertu du droit qu'a tout belligérant de poursuivre son ennemi et d'aller le détruire dans ses foyers.

En 1885, l'intérêt de notre politique nous avait amenés à occuper certains points de notre frontière, entre autres celui de Djenian-bou-Rezg, qui assure le débouché sur le Sahara de la route venant d'Aïn-Sefra. Le Maroc, avec un empressement qui n'était certes pas spontané, ne tarda pas à élever des contestations sur la validité de l'occupation de ce point. Le gouvernement français fit suspendre les travaux de construction du bordj; on parlementa : une enquête, à laquelle prirent part deux hauts fonctionnaires d'Oudjda et du Figuig, eut lieu sur place. La question de fait fut vivement réglée. Dès le mois de novembre 1885, il fut parfaitement reconnu par les délégués marocains que Djenian-bou-Rezg était bien en territoire français.

Mais, pour prévenir toute difficulté avec les tribus marocaines, peut-être une attaque de notre détachement, il fut convenu que le Maghzen notifierait aux gens du Figuig et des environs la décision de la commission arbitrale. Le sultan, personne n'en sera surpris, mit plus d'un an à se décider à agir ; de sorte que le bordj de Djenian-bou-Rezg ne put être achevé qu'en 1888.

Autrefois, dès après la reconnaissance de nos droits, la réoccupation du point contesté eût été effectuée de suite ; mais les temps étaient changés !

Quant aux erreurs commises par notre diplomatie, elles sont nombreuses; malheureusement, en matière de politique étrangère, les erreurs ne sont connues qu'après qu'elles sont commises, et on ne peut plus que récriminer; cependant, on devrait dégager de ces récriminations quelques enseignements d'avenir.

Au printemps de 1891, à la suite des premières menées annexionistes du Touat par le Maroc, notre ministre de France à Tanger fut envoyé auprès du sultan pour le sonder sur cette question. Cette démarche dénotait une rare ignorance du milieu indigène et surtout du milieu officiel marocain, où les négociations de ce genre n'aboutissent presque jamais à des résultats vraiment favorables. Ce fut, en outre, une faute insigne, car il était élémentaire de ne pas parler au sultan de la question du Touat, du moment que nous ne voulions pas lui reconnaître même une apparence de prétention sur ces oasis. La réponse fut ce qu'il était aisé de prévoir : le sultan procéda en pompe à l'investiture de dix caïds marocains au Touat.

Enfin, plus récemment, en 1895, nous commettions une erreur plus grave encore et dont les effets se feront inévitablement sentir à l'avenir dans le règlement de toutes les questions relatives à notre frontière marocaine.

Depuis de longues années, la France entretenait à Fez un agent officieux, Algérien de naissance, qui, sans titre défini, traitait avec le Maghzen les diverses questions de détail qui se présentaient et sont d'ordinaire du ressort des consuls. Ce système n'était sans doute pas très régulier, et il est certain qu'il laissait parfois à désirer, mais il fonctionnait tant bien que mal, et il fonctionnait surtout à l'abri de l'ingérence des agents européens. Or, profitant de la mort subite du sultan Moulay-Hassan et du désordre qui régnait alors dans l'empire, le gouvernement français se décida à user du droit que nous tenions des traités pour obtenir la reconnaissance officielle et définitive d'un consulat à Fez.

A première vue, la France devrait avoir désormais, dans cette capitale du Maroc, une situation très supérieure à ce qu'elle était autrefois. Ce serait en effet exact, si notre consul devait rester seul, à Fez, comme représentant européen ; mais ce qui est accordé à notre pays l'est également aux autres puissances ; et nos rivaux se sont bien gardés de ne pas user de ce droit que nous leur avions préparé et dont toutes les difficultés pour l'obtenir ont été pour nous.

L'Angleterre la première — et cela n'a rien qui doive nous surprendre — en a profité ; l'Espagne a suivi, puis l'Allemagne et l'Italie, toutes soucieuses de développer au Maroc le rôle qu'elles veulent y jouer. Depuis ce moment, « l'homme malade de l'Occident » est entouré, observé, sollicité par les agents de ces gouvernements, qui, tous, voudraient prendre pied dans son empire.

Alors que la proximité de notre colonie algérienne, l'indiscutable avantage de notre rôle de puissance musulmane nous imposaient le maintien du *statu quo*, dont nous pouvions nous contenter, nous introduisions dans cette ville de Fez, dernière citadelle de la foi islamique, toutes les intrigues européennes.

Envisagée sous cet aspect, l'installation d'agents européens à l'intérieur du Maroc n'est pas sans périls, car nous assisterons inévitablement à un déplacement complet des influences, et tout fait prévoir que le corps consulaire de Fez deviendra un foyer d'intrigues dont la plupart seront dirigées contre nous.

Cette politique désastreuse dérive directement de la timidité invétérée et de l'ignorance du milieu indigène de notre département des affaires étrangères.

Au Maroc, notre diplomatie est comme hypnotisée par la vision de complications imaginaires; elle juge le Maghzen avec nos conceptions d'Européens et ignore malheureusement trop que, dans les régions avoisinant l'Algérie, le sultan n'a qu'une autorité à peine nominale et qu'il est incapable d'y faire respecter ses décisions.

La plupart des négociations qu'entame notre légation demeurent comme vaines, parce qu'elle oublie toujours que, pour les déjouer, les agents du Maghzen mettent en jeu les ressources intarissables de leur imagination; les délais succèdent aux délais, les prétextes les plus divers sont invoqués; rien n'aboutit. Ne sont-ils pas orientaux et n'ont-ils pas pour maxime : « Le toujours (la persévérance) use le marbre » ?

Les problèmes qui se présentent sur notre frontière doivent être réglés par des arguments tout autres que ceux que peuvent posséder les chancelleries; car l'Arabe ne respecte que la force; il ne s'incline que devant le fait accompli. Les notes diplomatiques, ces notes dont l'annonce seule met en émoi les chancelleries d'Europe, ne produisent aucun effet sur lui; il aime, au contraire, ce jeu de petits papiers où il peut exercer son astuce de musulman. Les actes seuls agissent sur lui. Il en résulte, et l'expérience l'a démontré surabondamment, qu'avec un Etat comme le Maroc, il n'y a pas de négociations à entamer, ni de traités à faire ; il n'y a que des injonctions à signifier et des châtiments à infliger (1).

Et cependant, malgré cette impuissance du Maghzen à se faire obéir, malgré de nombreuses et fâcheuses expériences, c'est toujours à sa diplomatie malveillante et cauteleuse que nous nous adressons pour le règlement des affaires qui surgissent constamment sur notre frontière. C'est une tâche très difficile que la France assume gratuitement sans avoir jamais la certitude de voir écoutées ses réclamations pour les dommages causés à nos populations algériennes.

Tandis que nos tribus, maintenues par une autorité forte, respectent les parcours des tribus marocaines, celles-ci cherchent, au contraire, constamment, à empiéter sur les nôtres. Grâce à l'enchevêtrement extraordinaire provoqué à certains endroits par une frontière mal déterminée, les habitudes de déprédations de nos voisins ont beau jeu à s'exercer à la moindre occasion ; mais au lieu de les châtier nous-mêmes, comme nous faisions naguère en vertu des traités, nous portons nos réclamations auprès du gouvernement marocain qui, à Fez, à Meknès ou à Merrakech, est toujours impuissant à tenter quoi que ce soit dans la partie orientale de l'empire. Bien mieux,

_____

(1) Il suffirait de rappeler que le sultan ne se conforma jamais aux engagements qu'il avait pris vis-à-vis de nous par le traité de Tanger du 10 septembre 1844.

quoique ce soient toujours nos administrés qui sont lésés, nous empêchons nos tribus, victimes de vol, de poursuivre les armes à la main leurs ravisseurs.

Nos habitudes d'ordre, nos procédés de gouvernement répugnent à un système de représailles. Et pourtant ce serait l'unique moyen d'assurer la tranquillité de notre frontière et l'intégrité des biens de nos tribus. Sans doute, les diplomaties étrangères, qui veillent jalousement autour du Maghzen, exploitent à ce sujet et dans tous les sens les négociations de notre légation; mais faut-il s'arrêter aux manœuvres intéressées des puissances, lorsqu'il s'agit avant tout et par-dessus tout de la sécurité de notre colonie, c'est-à-dire du premier droit que possèdent les sociétés comme les individus de se défendre?

Que faisait l'Angleterre aux Indes et dans toutes ses colonies dès qu'un semblant de menace de ses frontières se produisait? Elle châtiait tout d'abord les voisins qui avaient osé attenter à l'intégrité du territoire britannique, puis, sans autre forme de procès, elle s'annexait leurs territoires ou leur imposait son protectorat. C'est ainsi que, faisant la tache d'huile, elle agrandissait ses colonies sans que personne en Europe en ait jamais pris ombrage. Ce qui a paru un droit pour l'Angleterre ne le serait-il point pour la France? Il serait grand temps d'agir dans ce sens, en reprenant la politique dont l'expédition de l'oued Guir du général Wimpffen a été la principale manifestation (1).

---

(1) Notons incidemment que, par l'impression qu'elle a laissée, cette expédition a été en partie la cause du maintien de la tranquillité dans le Sud Oranais durant la triste année 1870-71.

Cette insuffisance du traité de 1845 qui nous lie encore, le voisinage d'un Etat semi-anarchique, le danger que les suspicions ou les convoitises des puissances européennes nous y créent, nous mettent dans l'obligation d'être constamment en éveil et en force sur notre frontière de l'ouest. C'est à ce besoin que répondent, en première ligne du nord au sud, les postes de Nemours, Marnia, Sebdou, El Aricha, Aïn-ben-Khelif, Aïn-Sfissifa, Aïn-Sefra et Djenian-bou-Rezg.

A ces raisons d'ordre extérieur, il faut en ajouter une autre d'ordre intérieur : l'impressionnabilité, l'extrême accessibilité au fanatisme religieux, en un mot le tempérament politique de nos tribus oranaises.

Un fait digne de remarque, c'est que plus la terre d'Islam s'éloigne de sa capitale, c'est-à-dire plus elle est reportée vers l'ouest, plus s'accroissent le fanatisme religieux et les obstacles à notre domination.

La zone intérieure de notre frontière renferme de grandes tribus nomades que le contact nécessairement désagrégeant de la colonisation n'a pas atteintes, que le besoin quotidien de leur propre sécurité a maintenues groupées et compactes, dont la richesse uniquement pastorale a subsisté et s'est même accrue par le fait de la ruine des tribus du Tell. Or ces populations ont une mobilité particulière; elles sont plus difficiles à saisir et à gouverner que les populations du Tell. La région qu'elles parcourent ne sera que très lentement et très difficilement pénétrée par quelques progrès matériels; elle restera longtemps encore le mystérieux asile des déceptions et des surprises, parce que les habitants peuvent y entretenir et se réserver d'y exploiter encore contre nous leurs merveilleuses aptitudes à la guerre, et nous replacer ainsi sur un « qui-vive » énervant.

L'expérience en a, malheureusement, été acquise et renouvelée à nos dépens. Malgré son incapacité d'agir et de résister longtemps, le nomade, lancé à nouveau dans la vie d'aventures, sait se glisser avec une étonnante subtilité entre nos postes et nos colonnes, pour tomber à l'improviste sur nos points faibles ou sur les troupeaux des tribus restées fidèles. Presque toujours, ses efforts d'un instant et ses attaques soudaines nous ont infligé un échec, sinon un désastre.

Cette constatation n'est point flatteuse pour nous, mais elle ressort rigoureusement des insurrections de 1864 et 1881.

Cependant, nous devons, malgré tout, occuper fortement le Sud Oranais, le tenir pour mettre le Tell à l'abri même de l'écho des troubles de la frontière marocaine et de la région saharienne : la sécurité de la zone de colonisation l'exige.

C'est sous l'empire de ces préoccupations, en même temps que pour prévenir le retour des événements qui ont marqué le début de l'insurrection de 1881, qu'ont été prises une série de mesures d'ordre militaire et administratif, dont les plus importantes sont : la création de postes fortifiés dans la région des ksour, la création d'un cercle ayant pour centre Aïn-Sefra, le prolongement du chemin de fer d'Arzeu-Saïda-Méchéria jusqu'à Aïn-Sefra et Djenian-bou-Rezg, l'ouverture de pistes carrossables dans le Ksel, enfin l'installation, dans chacun des centres militaires de

Géryville et d'Aïn-Sefra, d'une colonne mobile de 1.500 hommes des trois armes. .

Toutes ces mesures, sans supprimer l'éventualité de toute crise, la rendront plus difficile et en diminueront la durée, car elles ont établi le pays plus solidement dans nos mains.

Quant aux territoires qui s'étendent au sud de la chaîne du Ksel, ils relèvent nominalement de notre domination, mais leur étendue, leur éloignement, aussi bien que les conditions singulièrement difficiles qui y régissent le moindre déplacement d'une troupe organisée, y rendent notre autorité précaire; mais c'est là le lot ordinaire des confins militaires.

Nous avons dit que les populations de la province d'Oran étaient particulièrement accessibles au fanatisme religieux; leur direction politique et leur direction religieuse, *inséparables chez l'Arabe* (il ne faut jamais l'oublier), leur viennent de la puissante tribu maraboutique des Oulad-Sidi-Cheikh. Cette attache religieuse est ce qui caractérise le plus énergiquement nos nomades; elle passe avant tout, même avant les questions de caste et d'origine, si importantes cependant chez l'indigène d'Algérie.

Notre gouvernement a été très sage en reconnaissant cette influence, qui est immense, en n'ayant pas eu la puérile prétention de la supprimer, sous le prétexte qu'elle s'écartait de nos idées et de nos mœurs, et en admettant que ce résultat ne pouvait être que la besogne du temps. Ne pouvant briser cette influence et devant l'avoir *avec nous ou contre nous*, nous devions, par intérêt, chercher à nous en servir; et c'est sous l'empire de cette conception qu'a été reconstituée notre situation dans le Sud, après l'insurrection de 1881. L'investiture que nous avons donnée au chef des Oulad Sidi-Cheikh n'est, en somme, il faut bien l'avouer, que la reconnaissance et la consécration du fait existant en réalité de son pouvoir temporel, déguisé sous son pouvoir spirituel. Et comme preuve de la grande influence des Oulad Sidi-Cheikh, deux exemples seulement : en 1864, lors de la rupture, par Si-Sliman, du pacte qui nous avait liés à son père, nous nous sommes trouvés désarmés en face d'une crise générale et profonde. Pareillement, en 1882, lors du rétablissement — contre notre gré, il faut le reconnaître — de cet instrument politique, nous avons vu le calme renaître dans le Sud comme par enchantement et s'y maintenir sans la moindre variation jusqu'aujourd'hui.

A l'heure présente, en échange d'une situation avantageuse faite par nous, tous les membres de la famille des Oulad Sidi-Cheikh ont mis à notre disposition l'influence qu'elle possède dans le Sud oranais et dans les régions sahariennes, notamment dans certaines oasis du Touat.

Pour assurer la durée à cette politique pratique, deux conditions s'imposent : la première, dépendante de nous, consiste à savoir tirer parti de cette influence sans la froisser, à nous en servir, en arrivant à la déplacer peu à peu à notre profit et à y substituer notre action propre; la deuxième condition, dépendante du chef de famille, est de ne pas se laisser éblouir et enivrer par les avantages et les honneurs attachés à cette haute situation.

Rectification de la frontière.

A maintes reprises, les autorités algériennes ont démontré la nécessité d'une rectification de la frontière algéro-marocaine ; mais les efforts plus ou moins accentués de notre gouvernement dans ce sens sont restés jusqu'à ce jour sans effet, et l'on a dû s'en tenir à cette déclaration, donnée comme un axiome par un de nos ministres des affaires étrangères, « qu'une limite profite surtout à la puissance la plus faible, au détriment de l'autre ».

C'est le contraire cependant que nous avons fréquemment expérimenté dans le Sud. Et la raison en est bien simple.

Pour que l'absence de limite officielle entre deux Etats préjudicie au plus faible, il faut le cas de deux Etats organisés. Alors, le plus fort pèse sur le plus faible et lui impose les satisfactions nécessaires qu'il recherche. Le plus faible, en situation de faire exécuter chez lui les décisions qu'il arrête, accorde les réparations exigées par son puissant voisin. Or, on ne saurait considérer le Maroc comme un Etat organisé, ayant le moyen d'exercer une action réelle sur les parties éloignées de ses possessions, notamment sur les tribus limitrophes des nôtres.

Cependant, la nature a séparé nettement le Maroc de l'Algérie par des frontières évidentes : la Moulouya au nord de l'Atlas, l'oued Zis au sud. D'où vient qu'au lieu de la ligne idéale qui est censée séparer les deux empires, la frontière ne coïncide pas avec ces obstacles naturels ?

En 1844, après la bataille d'Isly, il était devenu né-

cessaire pour nous d'être fixés sur notre frontière de
l'ouest et sur les conditions de nos relations avec
le Maroc, contre lequel les exigences de notre conquête nous avaient amenés à nous heurter, et nous
en vînmes à traiter avec le sultan sur la base des limites de l'ancien royaume de Tlemcen.

Malheureusement pour nous, la fourberie de son
délégué se joua du défaut de flair diplomatique du
plénipotentiaire français et surtout de son manque de
connaissance de ces limites et des régions sahariennes. Notre représentant abandonna la frontière tradi-
tionnelle de la Moulouya pour un tracé bizarre qui
coupe en deux les tribus; dans le sud, il laissa au
Maroc Ich et Figuig, c'est-à-dire la tête de la route
du Touat par l'oued Guir.

Le voyageur allemand Gerhard Rohlfs écrivait, le
6 juillet 1892, dans la *Gazette de Cologne* (1) :

On ne sait pas de quoi il y a lieu de s'étonner le plus, ou de la
naïve ignorance du diplomate français ou de l'impudente connaissance de la question du diplomate marocain Si Ahmed-ben-Ali.

Le traité de 1845 établit par quelques grands traits,
mais sans détails suffisants, une limite partant de la
baie d'Adjeroud, située à 15 kilomètres à l'ouest de
l'embouchure de la Moulouya et allant rejoindre le col
de Teniet es-Sassi, situé à environ 60 kilomètres au sud-
ouest de Sebdou. Cette frontière, formée d'éléments
de lignes droites, coupe, avec la plus parfaite désin-
volture, non seulement les vallées, les ravins et les
croupes, mais encore les tribus qui habitent la région.

L'article 4 du traité de délimitation porte :

---

(1) « Zur Tuat Frage ».

Au delà de Teniet es-Sassi, il est inutile d'établir une limite, puisque la terre ne se laboure pas.

Et l'on se contente d'énumérer les tribus nomades qui relèveraient de chaque gouvernement :

Les Hamyan-Djemba et les Oulad Sidi-Cheikh-Gharaba (1) dépendent du Maroc; les Oulad Sidi-Cheikh-Cheraga (2) et tous les autres Hamyan, dépendent de l'Algérie.

On divisait ainsi les grandes tribus en deux groupes, celui de l'ouest, marocain, et celui de l'est, algérien; mais on omettait, en même temps, d'indiquer les fractions de ces tribus qui constituaient les Cheraga, d'une part, et les Gharaba, de l'autre. De là une confusion qui a pour conséquences d'incessantes complications.

Le traité de délimitation continue ainsi, article 5 :

Les ksour qui appartiennent au Maroc sont ceux d'Ich et de Figuig; ceux qui appartiennent à l'Algérie sont ceux d'Aïn-Sefra, Aïn-Sfissifa, Asla, Tiout, les deux Chellala, El-Abiod et Bou-Semghoun.

Les deux Moghar, situés cependant à l'est du méridien d'Aïn-Sefra, ne sont pas mentionnés et sont restés dans un état d'indétermination qui a permis mille contestations.

Quant au pays au sud des ksour des deux gouvernements, dit l'article 6, comme il n'y a pas d'eau, qu'il est inhabitable et que c'est le désert proprement dit, la délimitation en serait superflue.

Le traité mentionne en outre que les tribus des

---

(1) De *gheurb*, ouest.
(2) De *cherg*, est.

deux Etats ont droit de libre parcours n'importe où dans le Sud, et que le souverain d'un Etat, ayant à réprimer dans cette région les désordres de tels ou tels de ses sujets, peut les poursuivre et les châtier à sa guise, mais sans exercer la moindre action sur les tribus de l'autre Etat (1).

On croit rêver en lisant ce monument d'impraticables conditions, qui, appliquées telles qu'elles sont définies, permettraient à une tribu du Sud marocain de pousser ses troupeaux au delà de Géryville, de Laghouat et de Biskra, et à une tribu algérienne de mener les siens jusque sur les bords de l'Atlantique.

Cependant, comme il faut bien qu'un pays finisse quelque part et que là en commence un autre, l'usage, suppléant au défaut de bon sens de la rédaction de ce traité, a fait marquer sur les cartes une ligne purement hypothétique qui, partant de Teniet-es-Sassi, se dirige droit sur l'isthme qui coupe le chott er-Gharbi, gagne de là le djebel el-Guettar, s'infléchit vers le sud pour passer à l'ouest d'Aïn-Sfissifa, puis, décrivant un arc de cercle autour des deux ksour marocains d'Ich et de Figuig, va rejoindre l'oued Zousfana au 32ᵉ parallèle.

Depuis que nous avons repris une partie de notre importance politique perdue en 1870 et que nous

---

(1) En 1881, nous pouvions entrer au Figuig non seulement en vertu de cette clause, mais encore en vertu du droit qu'a tout belligérant de poursuivre son ennemi jusque dans ses foyers et de le détruire. Notre diplomatie, devant les susceptibilités intéressées de certaines puissances européennes qui n'avaient rien à y voir, a eu la faiblesse de ne pas prendre les garanties que la situation lui commandait; et on a ainsi laissé échapper une belle occasion d'occuper ce repaire de toutes les insurrections passées et futures du Sud de la province d'Oran.

sommes en mesure de pouvoir, le cas échéant, appuyer nos revendications, cette question de revision du malencontreux traité de 1845 est à l'ordre du jour.

Gerhard Rohlfs, dont l'opinion est bien désintéressée, convenait, dès 1864, dans son ouvrage *Reise durch Marokko*, « que ce vœu est fort légitime, que la France a commis une faute impardonnable en laissant à son voisin de l'ouest la vallée de la Moulouya et, plus au midi, ces oasis qui sont des foyers de troubles et de complots toujours dénoncés et presque toujours impunis ».

Plus tard, revenant sur la question, dans le numéro de la *Gazette de Cologne* du 15 juillet 1892 (1), il s'exprimait ainsi :

La frontière devrait être reportée bien plus loin vers le Maroc et coïncider avec le faîte du contrefort qui, de Melila, se dirige perpendiculairement vers le Grand Atlas. De cette manière, les éternelles excitations et révoltes des différentes races cesseraient immédiatement, toutes les tribus habitant cette région étant incorporées à l'Algérie.

Cette revision, telle qu'elle est proposée depuis longtemps, n'a donc rien que de très légitime. La frontière actuelle est, du reste, en contradiction avec la tradition historique, sur laquelle, d'un commun accord, elle devait être basée.

Sous la domination romaine, la partie du nord de l'Afrique comprise entre le méridien d'Alger et l'Atlantique, la Mauritanie, se divisait en deux grandes provinces : la Mauritanie tingitane, rattachée admi-

---

(1) « Die marokkanische Frage. »

nistrativement à l'Espagne, et la Mauritanie césa-
réenne, qui dépendait du proconsul d'Afrique. Les
deux provinces avaient pour limite commune la
« Malva », aujourd'hui la Moulouya. « *Flumen Malva
dirimit Mauretanias duas* », dit l'auteur de l'*Itinéraire
d'Antonin;* le fait est proclamé par Ptolémée aussi
bien que par Pomponius Mela.

Cet isolement naturel a motivé au moyen âge, sous
les dynasties berbères, la distinction des royaumes
de Fez et de Tlemcen, avec la même limite.

Léon l'Africain, le renégat arabe, qui le premier a
écrit avec autorité sur la région qui nous occupe,
disait au XVIe siècle : « Le royaume de Télemcin de
la partie du Ponant se termine au fleuve Za et à
celui de Malvia » (1).

De son côté le voyageur espagnol Marmol écrivait
vers l'année 1550 :

Le royaume de Tlemcen a au couchant le royaume de Fez,
dont il est séparé par deux rivières, l'une que l'on appelle Ziz,
et qui naît dans les montagnes de Zénagues... et va se rendre
à Sugulmesse (Abouam dans le Tafilelt), et, de là, dans les déserts où elle se convertit en lac. L'autre rivière est nommée
Muluya, et elle descend du grand Atlas et, courant vers le
septentrion, va se rendre dans la Méditerranée près de la ville
d'One (2).

Donc, la frontière s'étendait alors jusqu'au Tafilelt,
laissant en dehors de l'action directe des sultans de
Fez — cette remarque est capitale — les grandes
oasis du Touat.

Depuis cette époque, il est vrai, la frontière eut à

_____

(1) *De l'Afrique*, par Léon l'Africain, traduction de Jean Temporal.
(2) Marmol, traduction de d'Ablancourt, édition de 1667, tome II.

subir quelques variations de tracé, suivant les résultats des luttes qui surgissaient, de temps en temps, entre les deux pays limitrophes; mais l'autorité des sultans de Fez ne se maintenait jamais longtemps sur la rive droite de la Moulouya. D'ailleurs, il est à remarquer qu'après chaque échec des sultans de Tlemcen, échec qui avait toujours pour résultat de reporter la frontière de la Moulouya à la Tafna, les populations comprises entre les deux rivières conservaient leur indépendance vis-à-vis du sultan de Fez; de nos jours il en est encore ainsi.

Au point de vue topographique, la frontière actuelle est absolument illogique.

On sait que les divers massifs montageux de l'Algérie se distinguent très nettement les uns des autres par la structure et le relief.

Le premier groupe de hauteurs situées sur cette frontière est constitué par les monts des Trara, dont les gorges donnent passage à la Tafna. La ligne de démarcation, après avoir quitté l'oued Kiss, passe à travers le massif dans la dépression qui forme le col du Drâa-ed-Doum, au pied du djebel Birran. A partir de ce col le massif se relève sous l'appellation de montagnes des Beni-Snassen, montagnes qui vont mourir sur la Moulouya, à Sidi-bou-Beker.

Au sud des monts des Trara se dressent un série de chaînons successifs à peu près parallèles, connus sous le nom de monts de Tlemcen. La ligne frontière coupe ces chaînons, souvent perpendiculairement, jusqu'au Teniet es-Sassi. L'un de ces chaînons constitue les montagnes des Beni-Snouss. Du col de Sidi-Djabeur, qui se trouve à l'extrémité occidentale de ces montagnes, se détache un rameau qui va longer la rive droite de l'oued Za vers la plaine des Angad, pour se terminer également sur la Moulouya à la kasbah de Mouley-Smaïl. L'oued Za sépare ce rameau d'une nervure qui aboutit à Guersif, également sur la Moulouya.

Ce tracé de la frontière est donc absolument fantaisiste; il ne s'appuie sur aucun accident ou ligne naturelle, et la partie du Maroc qui s'étend de cette frontière à la Moulouya appartient à deux mêmes systèmes orographiques et hydrographiques, celui du massif des Trara, au nord, et celui des monts de Tlemcen, plus au sud.

Enfin, la façon dont le traité de 1845 a scindé les tribus fait ressortir davantage encore le piège dans lequel nous sommes tombés en acceptant une pareille délimitation entre les deux pays.

Les monts des Trara, ainsi que la vaste et riche plaine de Trifa, qui s'étend entre la chaîne des Beni-Snassen et la mer, sont habités par des tribus berbères appartenant à deux grandes familles : les Trara et les Beni-Snassen. Les Trara se décomposent en plusieurs fractions occupant presque tout le territoire de l'ancienne annexe de Nemours; les Beni-Snassen habitent en grande partie la plaine de Trifa et la chaîne qui porte leur nom; mais deux de leurs fractions, les Athia et les Beni-Mengouch, sont établies sur le territoire algérien et reconnaissent l'autorité française.

Le pays au sud du pâté montagneux des Trara jusqu'à l'oued Za, y compris la plaine des Angad, est habité par des tribus arabes, désignées sous le nom générique d'Angad; ce sont : 1º en territoire algérien,

les Oulad Riah, les Doui-Yahia, les Djouidat, les Mâa-
zis, etc.; 2° dans l'amalat d'Oudjda, les Zekkara, les
Oulad Ahmed-ben-Brahim, les Mezaouir, les Beni-
bou-Zeggou, etc.

Toutes ces populations, unies par des liens de con-
sanguinité, sont ainsi séparées par une limite fictive
qui n'a en aucune façon supprimé, ou même seulement
diminué, les contacts.

La région comprise entre l'oued Za et la ligne des
ksour forme les terrains de parcours de la tribu nomade des Hamyan-Cheraga, frères des Hamyan-
Djemba du Maroc. Puis, viennent des groupes de la
puissante tribu maraboutique des Oulad Sidi-Cheikh.

D'après l'article 4 du traité de délimitation :

Les Hamyan-Djemba et les Oulad Sidi-Cheikh-Gharaba dépendent du Maroc; les Oulad Sidi-Cheikh-Cheraga et tous les
autres Hamyan dépendent de l'Algérie.

Néanmoins, les Hamyan-Djemba et les Oulad Sidi-
Cheikh-Gharaba, quoique Marocains, ont des ksour
sur le territoire français. Et, nous le répétons, on a
omis d'indiquer celles des fractions des Oulad Sidi-
Cheikh qui constituaient les Gharaba et celles qui for-
maient les Cheraga. Même, certaines de ces fractions
se disent françaises ou marocaines, suivant qu'on
leur réclame l'impôt de Fez ou d'Alger; leurs cheikhs
possèdent deux touaba (cachets), l'un français, l'autre
marocain, dont ils se servent selon les occasions.

Les limites des terrains de parcours de ces tribus
sont aussi incertaines, puisque l'on s'est borné à énumérer dans le traité les tribus et les ksour qui appartiennent à l'une ou à l'autre puissance.

La France est autorisée, par ces singulières conventions, à poursuivre ses sujets rebelles au delà des ksour marocains, mais on ignore souvent si l'ennemi que l'on poursuit relève de la France ou du Maroc. Cet état de choses a pour conséquence d'incessantes complications.

En résumé, la France a été trompée quant à ses droits sur le pays des Beni-Snassen, des Angad et des nomades du Sud; la frontière actuelle est en contradiction avec la tradition historique; elle n'a aucune valeur topographique; elle est fausse au point de vue ethnologique.

En ce qui concerne la sécurité et l'avenir de notre colonie, l'acceptation d'une limite aussi incertaine a été une lourde faute. Or, en politique, toute faute se paie, et nous avons déjà payé chèrement l'ignorance et l'imprévoyance des négociateurs de l'arrangement de 1845.

Sous peine de perpétuer un état de choses intolérable, il nous faudra, tôt ou tard, exiger et obtenir la cession de la portion du territoire marocain où n'ont cessé de se recruter et de se ravitailler toutes les bandes d'agitateurs qui ont violé le territoire algérien. L'oasis du Figuig, placée comme un camp retranché en dehors de notre frontière, est le principal repaire où des bandes de pillards fanatiques ont toujours trouvé un refuge; et tant que nous n'aurons pas revendiqué le droit de l'occuper et d'en soumettre les habitants à notre juridiction, le Figuig restera le foyer permanent des menées ourdies contre notre sécurité.

Il ne serait pas difficile de citer les avis des gouverneurs de l'Algérie et des généraux qui se sont succédé dans le commandement de la province d'Oran, et qui, tous, ont reconnu la nécessité de réclamer la rectification de cette partie de nos frontières. Malheureusement notre diplomatie, cédant à d'anciennes habitudes de temporisation et comme hypnotisée par la vision de complications imaginaires, s'est toujours prononcée contre l'adoption d'une solution décisive.

Cette solution s'impose cependant, à bref délai, non seulement pour la sécurité de notre grande colonie, mais encore pour notre expansion vers le Soudan.

Pour donner à la nouvelle frontière une valeur militaire, un tracé à l'abri de toute contestation, définitif, il est indispensable de la faire coïncider avec des accidents topographiques d'une certaine importance.

Au nord de l'Atlas, elle devrait être constituée comme par le passé par la Moulouya, depuis son embouchure jusqu'à l'important point stratégique de la kasbah el-Maghzen, située non loin de la source de cette rivière, au pied du piton de l'Aïachi et au point où la route de Fez se bifurque sur le Tafilelt et vers la vallée de l'oued Guir. A partir de cette kasbah, la frontière suivrait cette dernière route par le col de Tizi-n'Berta, pour descendre ensuite l'oued Guir et gagner enfin l'oued Messaoura, qui est la route que prennent les caravanes allant au Touat et au Soudan (1).

---

(1) La ligne frontière ne devrait pas coïncider forcément avec les thalwegs ou l'une des rives de ces cours d'eau, mais être déterminée

On a toujours invoqué contre cette rectification de frontière les difficultés diplomatiques qu'elle pourrait provoquer.

Les nations européennes n'ont aucune raison de s'émouvoir de l'annexion par la France d'une portion de littoral sans abri, de 15 kilomètres seulement de développement. Quant aux territoires de l'intérieur, leur annexion à l'Algérie ne saurait en rien gêner les autres puissances. Nous avons, au contraire, des raisons majeures qui suffisent à justifier cette rectification : la sécurité et l'avenir de notre grande colonie.

Il y a là, avant tout, une question d'ordre et de sécurité intérieurs qui ne regarde que nous, absolument que nous. L'Espagne. qui seule pourrait avoir un motif pour s'émouvoir de cette rectification, a évidemment des intérêts actuels et considérables au Maroc; mais elle peut être rassurée au sujet de nos intentions sur le reste de l'empire. La France, au contraire, fera tous ses efforts pour l'aider à assurer la sécurité de ses presidios et à s'étendre au Moghreb.

Les revendications des deux puissances sont identiques et n'ont rien que de très légitime, car elles dérivent du droit naturel que possède l'homme, comme les sociétés, de prendre toutes les mesures de protection nécessaires pour garantir la vie des individus et les propriétés. Or, le Maroc, que certaines puissances

---

de telle sorte qu'en tous les points importants nos troupes ou nos garnisons soient assurées de trouver une position dominante leur permettant, non seulement de commander facilement le pays, mais encore de se tenir tout à fait à proximité de la rivière et de l'eau, tout en étant cependant à l'abri de la malaria, du *tehem*.

assimilent machiavéliquement, dans certaines occasions et pour les besoins de leur politique, à un Etat civilisé et légalement constitué, le Maroc n'a aucun moyen d'exercer, dans la mesure que lui imposent les traités et auxquels l'assujettit un droit international qu'il ignore, la moindre action sur les parties éloignées de son territoire, et notamment sur les tribus du Riff et sur celles limitrophes de l'Algérie.

Quant à la suite diplomatique qui serait donnée par le Maghzen lui-même, elle se bornerait à quelques protestations platoniques, bientôt suivies de la reconnaissance de la prise de possession, les Arabes, il ne faut jamais l'oublier, étant généralement sans force contre le fait accompli. Le sultan se consolerait en répétant ces mots qui conviennent si bien à la résignation qu'inspire le Koran : « Mektoub Rebbi! » « C'était écrit chez Dieu! »

Sahara.

Sud algérien.

Au sud de l'Atlas, à une distance de plusieurs centaines de kilomètres, se développe, parallèlement à ce système orographique, du golfe de Gabès à l'oued Messaoura, sur une longueur de 1.000 à 1.100 kilomètres, avec 250 à 300 kilomètres de largeur, une véritable chaîne de montagnes de sable, dont l'altitude atteint parfois 500 mètres; les indigènes l'ont nommée Erg, ou pays des dunes.

L'Erg se divise en deux groupes distincts, séparés

par une lacune intermédiaire où prend sa source l'oued Mya : à l'est, l'Erg de Ghadamès et de l'Ighaghar, ou oriental, entre la Tunisie et l'oued Mya; à l'ouest, l'Erg du Tin-Erkouk, du Gourara, ou occidental, entre El-Goléa et Igli.

Dans toute la zone occupée par l'Erg oriental, l'eau fait absolument défaut; quelques rares puits ont été creusés au pied des deux versants extérieurs. L'Erg forme, par suite, de ce côté, une véritable barrière entre nos populations et celles des contrées limitrophes, c'est-à-dire une frontière naturelle. Berresof, notre poste avancé dans l'Erg, à 130 kilomètres sudest d'El-Oued, est à cheval sur la route du Souf à Ghadamès.

L'Erg occidental, bien que d'une largeur peu inférieure à celle des dunes de l'Est, ne constitue pas une zone de protection aussi forte; son versant sud est d'un accès facile. Le district du Tin-Erkouk, autour de Tabelkoza, ceux des El-Djereïfet, Oulad Saïd-Teganet, El-Kaïha, au nord de la sebkha de Timimoun, sont situés sur la lisière même, près de laquelle s'échelonnent tous leurs ksour. D'autre part, des puits fort rapprochés jalonnent les routes qui mettent ces oasis en communication avec le Nord.

Entre les deux Erg se trouve la trouée de l'oued Mya.

Les régions sud des provinces d'Alger et de Constantine sont donc séparées de la Tripolitaine et des parcours des Touareg par une barrière presque aussi infranchissable qu'un bras de mer.

La trouée de l'oued Mya, que suit la route d'In-Salah, est occupée aujourd'hui par les forts du Hassi-

Inifel, Mac-Mahon, Miribel et Lallemand. Mais les attaques dont ces forts et la colonne de ravitaillement de Bou-Khanefous ont été l'objet, la malheureuse affaire du 31 octobre 1896, où la mission du lieutenant Collot fut détruite par un rezzou de Châanbâa dissidents, démontrent que l'action de ces ouvrages est très restreinte, qu'ils ne commandent nullement le pays et ne protègent même pas l'espace qui les sépare, puisque des bandes armées ne cessent d'exercer leurs déprédations sur les territoires mêmes pour lesquels ils ont été créés.

Quant au sud de la province d'Oran, c'est-à-dire la région occupée par les tribus les plus faciles à soulever, l'Erg occidental la protège d'une façon insuffisante. C'est par la création d'un point d'appui solide plus au sud, et d'où il sera possible de rayonner et de faire la police, que nous débarrasserons le pays des coupeurs de route. Ce point d'appui est tout indiqué, c'est In-Salah, le nœud stratégique et commercial du Sahara.

Aux mesures d'extension méthodique vers le sud, il faudrait ajouter l'organisation de nouvelles troupes régulières montées en mehara. En effet, un escadron unique est insuffisant; ce sont cinq escadrons qui seraient nécessaires, non seulement pour agir éventuellement vers le sud, mais encore pour faire la police des routes du Sahara. En raison des faibles effectifs nécessaires et du prix peu élevé des animaux, la création des nouveaux escadrons ne représenterait qu'une dépense insignifiante et les résultats seraient considérables.

Les exemples ne font pas défaut pour prouver la

nécessité de cette organisation. Sans remonter aux Perses et aux Romains, chez lesquels ces corps étaient permanents, la campagne de Bonaparte en Egypte (1), les expéditions du général Marey-Monge et les essais du général Carbuccia en Algérie ont servi de modèles aux Anglais dans la vallée du Nil, et c'est leur « Camel-Corps » qui nous fournit à son tour les enseignements que nous avons négligés chez nous.

A nos troupes à mehari, il serait facile de trouver des auxiliaires de police, en utilisant les ressources qu'offre la grande confédération des Châanbâa, dont les parcours s'étendent de la frontière de la Tunisie à El-Goléa. Ces nomades, opposés aux nomades indépendants du désert, en auraient bien vite raison, grâce à la connaissance qu'ils ont de leurs ruses, des routes et des points d'eau, et aussi à l'appoint moral et matériel que leur donnerait un armement perfectionné. Car il faut se pénétrer de cette vérité, qu'on ne domptera jamais sérieusement les Sahariens qu'avec des Sahariens : cinquante Châanbâa constitueraient aux yeux des Hoggar, par exemple, qui les connaissent à leurs dépens, un ennemi plus redoutable que cinquante Algériens, fussent-ils spahis. L'organisation d'un maghzen à mehari serait d'autant plus réalisable que ces nomades sont sous l'influence des Oulad Sidi-Cheikh. Turbulents, indisciplinés, toujours prêts à

---

(1) « Plus tard arriva le corps des dromadaires, qui rendit les plus éminents services; 600 hommes montés sur 600 chameaux le composaient. Chaque soldat était pourvu de munitions et de vivres pour lui et sa monture, le tout pour une semaine ; des excursions dans le désert devinrent faciles. Jamais troupe n'a été plus appropriée aux circonstances et aux éventualités et n'a rendu de plus grands services. » (*Mémoires du maréchal Marmont, duc de Raguse*, livre IV.)

partir en défection et venant alors razzier les tribus soumises, ils ont déjà à leur passif une demi-douzaine d'insurrections, et, actuellement, deux ou trois cents de leurs tentes sont encore en dissidence.

Il peut sembler paradoxal, dans ces conditions, de leur demander un service régulier. Mais la vérité est que l'organisation administrative qui leur est donnée répugne à leurs mœurs, que leur tempérament se prête mal au régime des prestations communales qu'ils doivent comme l'impôt. Tous seraient disposés à former des contingents irréguliers analogues aux contingents turcomans, dont les Russes ont tiré si grand parti dans l'Asie centrale. Moyennant l'exemption de toute corvée et une légère exonération de l'impôt, qu'ils paient d'ailleurs irrégulièrement puisque beaucoup sont insurgés, ces amateurs d'aventures se prêteraient volontiers à un service où ils pourraient, le cas échéant, donner libre carrière à leurs instincts. Ce serait un excellent moyen de les retenir dans le devoir et de préparer leur pays en confins militaires, qui permettraient de réduire notablement nos garnisons du Sud.

Complément nécessaire de la formation de troupes à mehari, ce projet doit être inévitablement appliqué à brève échéance ; le plus tôt sera le mieux.

Pour permettre à nos troupes et à nos fortins de dominer réellement la région saharienne, il importe que la question des chemins de fer de pénétration soit réglée au plus tôt et d'une manière pratique. Le programme le plus urgent comprend : l'achèvement du chemin de fer d'Aïn-Sefra à Djenian-bou-Rezg ; la construction, à la largeur d'un mètre dix, de la ligne de Bou-Ktoub à Géryville ; le prolongement jusqu'à Laghouat de la ligne de Blida à Berrouaghia ; enfin et surtout, la construction, trop longtemps ajournée, de la ligne de Biskra à Ouargla (1), qui, dans les conditions les moins onéreuses, placera le point terminus de nos voies ferrées algériennes à plus de 700 kilomètres de la mer. Voilà pour le ravitaillement et la défense, depuis Biskra jusqu'à Ouargla, un outil supérieur aux files interminables de chameaux, si lentes à faire mouvoir, et plus économique (2). Ne pourrait-on pas, à l'instar des Russes en Asie, employer à cette féconde opération ces compagnies du régiment de chemins de fer qui, dans le polygone de Versailles, passent leur temps à poser, à déposer et à reposer les mêmes bouts de vieux rails, et ne serait-il pas logique de mettre à leur disposition, pour les travaux de gros œuvre, les disciplinaires et les condamnés des travaux publics ?

Malheureusement, outre la concurrence que ferait ainsi le génie à l'industrie privée, les rivalités de province ont jusqu'à présent entravé l'exécution de ce programme, depuis longtemps jugé indispensable.

---

(1) Il y a plus de cinq ans qu'une société française a demandé la concession de cette ligne, moyennant une garantie de l'Etat de 4 p. 100 sur la construction seulement et le droit de mettre en valeur la plaine actuellement inculte d'El-Feidh, située au pied sud de l'Aurès. Cette ligne ne coûterait donc presque rien à l'Etat ; néanmoins, le projet de concession, déposé sur le bureau de la Chambre le 13 juillet 1896 et devenu caduc à la suite du renouvellement de cette dernière, n'a pas été repris.

(2) On a calculé qu'actuellement la ligne Biskra-Ouargla ferait réaliser annuellement une économie d'au moins 300.000 francs sur les frais de ravitaillement de nos postes ; et cette économie deviendrait de plus en plus importante au fur et à mesure de la création de nouveaux postes.

En effet, quand on étudie l'ensemble de notre œuvre dans le Sud algérien, on est frappé des divergences de vues qui caractérisent l'action exercée dans les trois départements. Il semblerait que l'Algérie, au lieu d'être une, soit composée de trois colonies distinctes ayant chacune sa vie propre et cherchant à faire prévaloir ses visées particulières. « Chacun pour soi, la métropole pour tous », tels sont les principes que nul, dans chacun des trois départements, ne doit perdre de vue. On s'en est bien aperçu le jour où, en France, on a parlé du lac Tchad et du chemin de fer transsaharien.

Dès qu'il fut question de cette entreprise économique, les provinces s'agitèrent : chacune prétendit au monopole des transactions avec l'Afrique centrale; chacune voulut que son port fût la tête de ligne du railway et chacune usa de tout son pouvoir pour empêcher que sa voisine n'eût aucun privilège sur le commerce futur avec le Soudan ; de là les trois projets de transsaharien partant d'Oran, d'Alger et de Philippeville. Et chaque province de dire : « Le transsaharien sera mien, où il ne sera pas ». (1)

Cet état d'esprit, si regrettable à constater, les services des divisions militaires le partagent comme ceux des trois préfectures. Les projets préconisés par chaque division pour la solution de la question du Touat en sont un exemple frappant. Chacun de ces projets est excellent en lui-même, et leur réalisation combinée et méthodique ferait certainement avancer

---

(1) La Tunisie à son tour se met sur les rangs en demandant que la ligne ait son origine au golfe de Bou-Ghara.

nos affaires dans le Sud ; seulement, fait déplorable, l'œuvre entreprise dans chacun des territoires militaires est une œuvre isolée, indépendante et parfois en opposition absolue avec ses voisines.

Il est impossible, naturellement, d'obtenir des résultats pratiques en réalisant simultanément trois politiques différentes.

Il faut donc renoncer au système des trois colonies sahariennes et envisager, dans son ensemble, la politique que la France entend suivre dans le Sud. Or, l'organisation actuelle ne répond pas aux exigences d'un programme unique d'action politique ; il faut donc modifier les territoires de commandement dans le Sud et former un grand commandement, dit du Sahara, confié à un officier général bien au courant des affaires indigènes. L'avenir de l'Extrême-Sud est lié à cette organisation.

Le Touat

En 1890, une convention diplomatique nous reconnaissait une zone d'influence allant du Sud algérien au Niger et au lac Tchad ; mais sa seule signature n'a pas eu pour effet de supprimer les difficultés de ce côté.

Dans le but évident de nous en créer de nouvelles, certaines puissances avaient persuadé au sultan du Maroc qu'il était de son intérêt de transformer en souveraineté réelle l'influence religieuse qu'il exerçait sur le Touat. Mouley-Hassan, puis son successeur, Abd-el-Aziz, se sont conformés, autant qu'il leur était possible, à ce programme.

Mettant à profit les divisions locales, les passions religieuses, ils ont provoqué, de la part de quelques ksour, des démarches réitérées pour l'établissement de leur suzeraineté et ont échangé avec eux des correspondances. La France leur ayant signifié qu'elle ne tolérerait pas cet envahissement derrière ses territoires, il a néanmoins été envoyé, à différentes reprises, des missions politiques dans les oasis. Jusqu'à présent, ces missions ont échoué dans leurs entreprises, mais la tentative est renouvelée périodiquement.

Ces empiètements du Maroc constituent pour l'Algérie la plus grave des menaces. L'annexion du Touat par le sultan limiterait nos possessions au sud par une frontière étrangère, et nous enlèverait toute action future dans le Sahara. Il faudrait renoncer à notre empire d'Afrique et se résoudre à demeurer sous le coup d'une perpétuelle menace du Sud.

Le Maroc a-t-il des droits sur ces régions? Aucuns.

Le traité du 18 mars 1845 marque une limite précise à la frontière algéro-marocaine, depuis l'embouchure de l'oued Kiss jusqu'au Teniet es-Sassi. Au sud de ce point, d'après le traité, « il n'y a plus que le Sahara », et, sauf une réserve concernant quelques ksour qui sont déclarés ou français ou marocains, cet instrument diplomatique déclare, dans son article IV, que, « dans le Sahara (désert), il n'y a pas de limite territoriale à établir entre les deux pays, puisque la terre ne se laboure pas et qu'elle sert seulement de pacage aux Arabes des deux empires, qui viennent y camper pour y trouver les pâturages et les eaux qui leur sont nécessaires ».

L'article VI va plus loin encore : « Quant au pays qui est au sud des ksour des deux gouvernements, comme il n'y a pas d'eau, qu'il est inhabitable et que c'est le désert proprement dit, la délimitation en serait superflue ». Or, ce pays inhabitable est habité — le plénipotentiaire marocain le savait parfaitement bien — par 3 ou 400.000 individus.

Le faux perpétré par Si Ahmed-ben-Ali n'a heureusement pas eu de suites. Le Maroc a bien pu soustraire ainsi à notre conquête, en nous assurant qu'il n'existait pas, le Touat, qu'il eût alors été aisé de prendre, mais il le négligeait plus tard, ou ne put le prendre lui-même. En sorte que toutes les oasis sahariennes sont restées inexistantes au point de vue diplomatique. Or, ce qui est inexistant est évidemment *res nullius*, et le Maroc serait bien mal venu à réclamer ce pays, qu'il a non seulement passé sous silence, mais *nié* par ses traités.

On a essayé d'invoquer la question religieuse comme argument en faveur de la souveraineté du sultan sur le Touat. Sans doute, nous n'ignorons pas que les Touatiens disent la *khotba*, ou prière du vendredi, au nom du monarque chérifien, qui a le titre de « vicaire de Dieu » et celui de « chef des croyants » pour tous les pays musulmans de l'Afrique occidentale ; mais, si l'on admettait cette théorie qui consisterait à considérer tous les musulmans faisant la prière au nom du sultan du Maroc comme sujets de ce souverain, la France devrait être dépossédée de la plus grande partie de ses colonies africaines. Lorsqu'il était encore souverain temporel, le pape, chef religieux du catholiscime, n'a jamais eu la pensée de revendiquer tous les pays catholiques qui invoquent son nom comme dépendance des États de l'Église.

Conséquemment au traité de 1845, la France eût donc pu, depuis cette époque, occuper sans coup férir le Touat. Mais, en 1890, survenait encore l'arrangement conclu avec l'Angleterre, duquel il résulte que ces oasis, situées à l'est du méridien de notre frontière, font partie du hinterland de l'Algérie, entre les longitudes de laquelle elles sont placées (1).

Un simple coup d'œil sur la carte fait ressortir l'importance exceptionnelle du Touat. Situé à peu près à mi-distance entre Alger et la boucle du Niger, au centre de l'étoile de routes formée par le croisement des caravanes allant du Maroc à Tripoli avec celles qui vont du Maroc, de l'Algérie et de Tripoli au Soudan et au Sénégal, l'occupation de ce pays permet d'empêcher le Maroc et la Tripolitaine de joindre leurs frontières au sud de l'Algérie et de couper nos communications vers le Soudan par Ouargla, Amguid et Idelès. Il ressort, de plus, de cette situation géographique, que celui qui domine au Touat doit évidemment dominer le Sahara. La possession de cette région nous est donc indispensable, aussi bien au point de vue stratégique que dans l'intérêt de notre pénétration future en Sahara.

En outre, cette possession ne nous est pas moins nécessaire pour assurer la sécurité de l'Algérie, le

---

(1) « Le pays au sud des possessions françaises sur la Méditerranée est ouvert à l'action de la France, et, selon la doctrine moderne du hinterland, le gouvernement français pouvait réclamer certains droits. Assurément, pour autant que je sache, aucune autre puissance n'a de prétentions dans ces parages. » (Discours de lord Salisbury à la Chambre des lords.)

Sahara étant indissolublement lié au Tell. C'est du Touat notamment que sont parties la plupart des dernières insurrections ; c'est là qu'elles se sont alimentées, là que se sont réfugiés les vaincus, et notamment Bou-Amama, attendant avec impatience le jour de la reprise des hostilités ; c'est là, enfin, qu'ont été tramés le massacre de la mission Flatters, les assassinats des Pères Blancs, du lieutenant Palat, de Camille Douls, du lieutenant Collot, sans que jamais ces crimes aient été vengés.

Il est donc absolument légitime de la part de la France d'intervenir dans les affaires du Touat, d'établir son autorité dans ce hinterland de sa colonie ; d'autant plus qu'il s'agit surtout et avant tout d'une question de police algérienne.

La diplomatie européenne n'a rien à voir dans cette question. En effet, ni l'Angleterre, ni l'Espagne, ni aucune autre puissance n'y sont intéressées et ne doivent y être intéressées, car il ne s'agit en l'espèce que de défendre purement et simplement les droits que la France tient du traité de 1845, qui nous a laissé toute liberté d'action sur le Touat.

La région désignée communément sous le nom de Touat est formée de l'ensemble des oasis situées au sud de la province d'Oran, à l'ouest du méridien de Paris jusque vers le 4e degré de longitude, et entre le 27e et le 30e degré de latitude Nord. Le Touat se trouve donc à l'est de la frontière marocaine telle qu'elle a été fixée par le traité de 1845.

Les oasis du Touat sont divisées naturellement en quatre grandes agglomérations principales : celles du Gourara et de l'Aouguerout au nord ; celle du

Touat proprement dit au sud, et celle du Tidikelt au sud-est, avec son annexe l'Aoulef, dont le centre principal est In-Salah.

La population sédentaire du Touat, répartie dans 343 ksour, s'élève à environ 200.000 individus. Elle est composée en majorité de Berbères appartenant à la famille des Zenata, auxquels il faut ajouter un certain nombre d'Arabes, des Chorfa ou descendants du Prophète, dont l'influence est très grande, la caste vassale des Harratin, métis nés du mélange des habitants du pays avec des négresses amenées du Soudan, et enfin les nègres esclaves. Aux sédentaires, il convient d'ajouter une population flottante d'environ 200.000 nomades pasteurs, avec lesquels ils sont en contact permanent : tribus marocaines au nord-ouest, Touareg au sud.

Ces quatre grandes agglomérations forment autant de petites républiques indépendantes les unes vis-à-vis des autres. Les ksour de chaque agglomération sont liés par un pacte ; la population moyenne de ces ksour varie entre 200 et 600 habitants. Des rivalités séculaires divisent les populations en deux soffs opposés : les *soffân,* en général favorables à l'influence francaise, et les *ihamed.*

Ces petites républiques ont toujours été indépendantes de toute autorité temporelle, et, si les sultans du Maroc ont tenté autrefois de les conquérir, ils n'y ont jamais réussi.

En France, on s'est très peu occupé du Touat pendant de longues années, bien que tous les dissidents algériens fussent assurés d'y trouver un asile inviolable par les 600 kilomètres de désert qui les séparent de Laghouat, notre poste autrefois le plus avancé. Plus tard, comme la police de nos frontières nécessitait une surveillance étroite des oasis, l'administration algérienne s'est ingéniée à avoir des relations suivies avec les chefs de ces territoires. Ceux-ci s'y prêtèrent avec plus ou moins de bonne grâce, ne voulant pas mécontenter leurs puissants voisins ; à deux reprises même, ils ont été jusqu'à faire des offres de soumission : une première fois en 1857, peu après que le général Durrieu eut mis le protectorat sur le Mzab ; une seconde fois en 1873, pendant que le général de Galliffet se trouvait à El-Goléa, à 400 kilomètres du Gourara (1).

Mais, depuis 1880, les choses se sont modifiées, et les personnages influents du Touat nous sont devenus nettement hostiles. Le conciliabule des Touareg où s'est décidé le massacre de la mission Flatters a eu lieu à In-Salah. Les ksouriens du Touat, craignant alors des représailles, se sont tournés du côté du sultan du Maroc, lui demandant une protection éventuelle contre nous. Mouley-Hassan, poussé par les sectateurs du snoussysme établis dans le Sud marocain, au Tafilelt, et par les agents de quelques puissances européennes, y répondit, mollement d'abord, plus sérieusement ensuite. Avec toute la diplomatie orientale, c'est-à-dire avec la

---

(1) Malheureusement notre gouvernement, par une imprévoyance inqualifiable, ne tint aucun compte de ces démarches ; mais ces deux faits en eux-mêmes prouvent que les habitants du Tidikelt, comme vraisemblablement ceux du Gourara et du Touat, pressentant une marche progressive du nord au centre de l'Afrique, recherchaient alors le protectorat qui leur paraissait le plus avantageux, et ne se considéraient pas plus comme les sujets du Maroc que de la France.

plus grande prudence, pour ne pas éveiller les susceptibilités de la France, dont l'influence au Maroc,
bien qu'amoindrie, était encore importante, il établit
progressivement des relations plus étroites avec les
chefs touatiens.

En 1886, profitant des dispositions favorables de
la djemâ du Tidikelt, le sultan chercha à rattacher
administrativement le Touat à son empire. Mais les
Touatiens ne voulaient qu'une protection éventuelle
contre nous et non une annexion déguisée ; car, au
fond, ils tiennent surtout à leur indépendance.

Les intrigues du Maroc continuèrent ainsi sans
entraves jusqu'en 1891. Jusqu'à ce moment-là, à toutes
les représentations amicales qui avaient été faites à
Mouley-Hassan, conformément au traité de 1845, sur
les agissements auxquels prenait part son entourage,
il avait répondu par des dénégations sommaires. En
dernier lieu, au mois d'août 1891, l'arrivée des cavaliers du Figuig et du Tafilelt ayant provoqué de notre
part une nouvelle communication diplomatique plus
énergique, le souverain lui avait dédaigneusement
opposé des cartes allemandes (1). Cette attitude
suffisait, à elle seule, pour justifier l'occupation immédiate du Touat.

On finit par reconnaître que toutes ces manœuvres
annexionnistes étaient encouragées par notre indécision, indécision exploitée à la fois par les con-
seillers de Mouley-Hassan et par les chefs du Touat,

---

(1) Les traits qui enveloppent sur certaines cartes tels ou tels
groupes d'oasis, soit au profit des successeurs de Mouley-Abd-er-
Rahman, soit au nôtre, sont une pure fantaisie, car rien n'est venu
modifier le traité de 1845.

à l'instigation des Snoussya du Tafilelt, de Bou-Amama et des Touareg.

L'organisation d'une expédition sur In-Salah fut donc décidée par notre gouvernement, lorsque, à l'instigation de l'Angleterre, signataire de la convention de 1890, les nations intéressées à l'intégrité du Maroc adressèrent au gouvernement français des observations comminatoires au sujet de cette expédition. La diplomatie anglaise avait essayé de transformer une question purement algérienne en une question marocaine. Identifier au Touat la question du Maroc équivaudrait à prétendre que la question d'Egypte se résume à Khartoum. Or, pour la Grande-Bretagne, bon juge en pareille matière, la question d'Egypte c'est le canal de Suez et la mer Rouge, comme la question marocaine c'est Tanger et le détroit; loin de cacher ses projets, elle les manifeste hautement. L'expédition fut contremandée.

Cependant, un changement d'attitude au Maroc et une accentuation de notre politique dans le Sud algérien ayant été reconnus indispensables, notre gouvernement adressa au sultan des observations motivées, et lui signifia très nettement qu'il ne permettrait à aucune puissance d'exercer une action pouvant contrebalancer la sienne, dans une région qui rentre dans la sphère d'influence de l'Algérie. Ce langage, qui ne prêtait pas à équivoque, parut avoir été compris et ne souleva aucune objection; car la question du Touat, on ne saurait trop y insister, n'est pas une question marocaine, mais simplement une affaire algérienne concernant nos relations avec les populations sahariennes.

En même temps, on se décidait à occuper plus sérieusement El-Goléa. La création d'un corps de méharistes fut décidée et celui-ci bientôt installé dans ce poste. Le retentissement de cette formation fut très grand dans tout le Sahara algérien. Les tribus Châanbâa, qui étaient indécises sur l'attitude à prendre, donnèrent des gages de fidélité et se montrèrent même disposées à nous seconder en vue d'une action militaire dans le Sud. La construction d'un fortin au Hassi-Inifel, à 80 kilomètres au sud-est d'El-Goléa, et l'installation d'une garnison accentuèrent encore ces bonnes dispositions.

Pour consolider davantage cette situation, on décida un peu plus tard la construction de trois nouveaux fortins : au Hassi-el-Hameur, à 160 kilomètres au sud-ouest d'El-Goléa, le fort Mac-Mahon ; au Hassi-Chebaba, à 140 kilomètres au sud du même poste, le fort Miribel ; enfin, au Hassi-bel-Heïram, à 220 kilomètres au sud de Touggourt et à 110 kilomètres au sud-ouest d'Ouargla, le fort Lallemand.

Ces ouvrages gardent d'importants points stratégiques, d'où il sera possible d'effectuer des reconnaissances qui permettront de mieux connaître la région du Sahara comprise entre le Gourara, In-Salah et Timassinin ; en outre, ils constitueront des points d'appui et de ravitaillement de nos lignes d'opérations partant d'El-Goléa, le fort Mac-Mahon sur Timimoun, les deux autres sur In-Salah (1).

_____

(1) Dans l'esprit du gouverneur général et des autorités militaires, la construction de ces fortins n'était que la première partie d'un vaste plan d'action militaire, et il n'a pas dépendu de M. Cambon que ce programme ne fût déjà exécuté.

Mais la construction seule de ces fortins pouvait-elle avoir pour effet de faire cesser les agissements du Maroc au Touat et de nous gagner les populations? Il était permis d'en douter.

En ce qui concerne le sultan, il convenait de s'attendre de sa part à une reprise d'activité dans sa politique d'influence religieuse et d'hostilité contre nous, puisqu'il envisage évidemment, quoi que Mouley-Hassan ait pu dire, à nos représentants officiels, la question du Touat à un tout autre point de vue que le point de vue français. En effet, pendant la construction du bordj du Hassi-Inifel, un envoyé d'Ould-Badjouda est venu sommer « au nom du sultan du Maroc » l'officier français commandant le poste d'interrompre les travaux.

Notre marche progressive vers In-Salah devait évidemment prendre aux yeux des Touatiens le caractère d'une menace pour leur indépendance; mais, exploitant la crédulité et le fanatisme religieux des ksouriens, les djemas du Tidikelt et du Gourara se hâtèrent de répandre le bruit que, sur un *ordre* adressé par le sultan au gouvernement français, celui-ci avait prescrit à ses officiers de ne pas dépasser le Hassi-Inifel, aussi bien pour le présent que pour l'avenir.

Le but poursuivi ressortait clairement : tromper les populations sur les situations respectives du Maroc et de la France, sur nos droits et nos intentions; et il n'est pas jusqu'aux représentations que nous avons faites au sultan qui n'aient été retournées contre nous en en renversant l'origine. Tant il est vrai, en pays musulman surtout, que les notifications diplomatiques, si nettement formulées qu'elles puissent être, ne valent rien par elles-mêmes si elles ne sont pas sanctionnées par des actes de vigueur. On pourra bien, du haut d'une tribune, déclarer, sans ambages, que le Touat est une dépendance de l'Algérie; cette déclaration ne parvient pas, dans sa teneur, aux oreilles des gens du Touat. Un burnous rouge de spahi a, dans ces pays lointains, plus de portée qu'une expression académique. Or, pour les Touatiens, tout se résume dans le point de savoir quel est le plus fort, du Maroc ou de la France.

L'organisation d'une colonne fut décidée à nouveau, et, dès la fin du mois de septembre 1893, quand toutes les dispositions matérielles étaient prises, l'ordre fut expédié au général commandant le 19e corps de prescrire la concentration et la mise en marche des différents éléments sur El-Goléa, base d'opérations adoptée.

Sur ces entrefaites, les événements de Melîla vinrent arrêter le mouvement. Notre gouvernement avait décidé de ne pas exercer au Touat une action militaire de nature à exciter le fanatisme musulman dans l'entourage du sultan et à rendre ainsi plus difficile au gouvernement espagnol le règlement des affaires de Melîla. C'était une preuve de sympathie que la France fut heureuse de pouvoir donner à une nation amie, avec laquelle nous avons plus que des relations de bon voisinage.

Mais ce projet devait être repris en 1894, lorsque les événements de Madagascar et la décision prise par les pouvoirs publics d'envoyer un corps expéditionnaire dans cette île vinrent ajourner encore une fois l'entreprise. Depuis, elle est restée à l'état de projet, aussi bien en raison des hésitations du gouvernement à demander les crédits nécessaires et à exposer au Parlement ses difficultés, à notre avis exagérées, que des divergences de vues qui se sont produites sur la direction et l'importance des troupes à mettre en mouvement.

Le premier résultat de tous ces atermoiements, c'est que notre prestige dans le Sud algérien, déjà fortement entamé, risque, si l'on n'y prend garde, de recevoir un coup terrible.

En effet, la situation qui nous est faite dans ces régions menace de devenir intolérable, périlleuse même, si nous ne nous hâtons d'y mettre ordre. Nous n'inspirons plus aux maraudeurs la crainte salutaire par eux ressentie un instant, lorsque nous avons menacé d'occuper le Touat et de supprimer ainsi la principale de leurs bases d'opérations.

Il ne faut pas se le dissimuler : rester inactifs au lendemain de l'assassinat du lieutenant Collot, au surlendemain de l'assassinat du marquis de Morès, c'est perdre volontairement tout le bénéfice de l'œuvre entreprise en ces dernières années. Notre inaction donne aux coupeurs de route l'idée que nous sommes incapables de réprimer leurs crimes. Et, d'autre part, nos sujets eux-mêmes ne se sentent plus suffisamment soutenus et ne nous donnent pas le concours sur lequel nous devrions compter, grâce à l'influence des Oulad-Sidi-Cheikh.

Notre situation est difficile, disait récemment l'un des principaux membres de la famille des Oulad Sidi-Cheikh. Nous nous sommes complètement donnés à la France, qui nous a comblés de bienfaits (1), et nous lui avons assuré le concours de tous nos fidèles du Touat en leur annonçant la prochaine arrivée des Français. Ils nous ont cru, car ils ont foi dans notre parole. Si les Français ne viennent pas, que penseront-ils de nous? Que deviendra notre prestige?....:

Il est devenu absolument indispensable de faire comprendre aux nomades de l'Extrême Sud, exploiteurs éhontés ne respectant que la force, que des événements importants pour eux se préparent : fatalistes, ils s'inclineront devant notre autorité.

Rien ne saurait mieux donner le diapason de notre prestige, dans ces dernières années, que le chiffre des tentes dissidentes.

Parmi les nomades algériens qui, dans le courant de 1896, étaient en dissidence, soit au Maroc, soit auprès de Bou-Amama, on comptait quarante-neuf tentes qui s'étaient soustraites à notre action en 1890 et soixante-six qui avaient émigré en 1891. Or, le chiffre correspondant, pour 1892, n'est que de vingt et celui de 1893 ne dépasse pas vingt-sept. Pourquoi cette différence?... C'est que les dissidents, ayant appris nos projets d'expédition, savaient parfaitement qu'une fois la domination française établie au Touat, il ne leur resterait plus d'autre alternative que de se soumettre ou d'aller planter leurs tentes bien au loin, dans les parages de Ghadamès ou dans ceux du Tafilelt. On sait, en effet, que les Touareg, de race ber-

---

(1) Ces bienfaits et ces honneurs ne devaient être accordés que conditionnellement, après l'occupation du Touat; malheureusement, par suite de circonstances que nous n'avons pas à faire ressortir ici, ils l'ont été prématurément, de telle sorte que les Oulad Sidi-Cheikh, désormais au comble de leurs vœux, ne semblent plus guère songer à réaliser les pénibles et dangereuses chevauchées entrevues. L'intérêt et l'avenir de la colonie exigent que l'on revienne aux conditions qui avaient été acceptées dès le principe.

bère, sont en lutte depuis des siècles avec nos nomades d'Extrême Sud, qui sont de race arabe. Le pays
targui est fermé complètement à nos dissidents, à tel
point que sur neuf cent trente-trois tentes en dissidence en 1895, quatre seulement étaient chez les
Touareg-Hoggar, alors que près de six cents, originaires, pour la plupart, du Sud oranais, étaient au
Maroc et au Touat, soit avec Bou-Amama, soit auprès
des ksour d'In-Salah.

Seulement, en 1893, l'expédition contre le Touat fut
brusquement arrêtée dans sa marche. Dès lors, les
nomades échappent à l'influence fascinatrice que nous
donnait notre expansion méthodique, et aussitôt le
nombre des nouvelles dissidences s'accroît : il est de
quatre-vingt-un en 1894 et de cinquante-trois pour les
premiers mois de 1895. En 1896 encore, près de
soixante-dix tentes de Châanbâa ont fui avec une
trentaine de tentes qui s'étaient réfugiées auprès de
Bou-Amama et qui étaient revenues dans le cercle de
Ghardaïa après des négociations imposées à Si Kad-
dour-ben-Hamza.

L'autorité morale de Bou-Amama est particulièrement atteinte par nos projets sur le Touat ; ainsi,
en 1892, il ne reçoit plus que dix-sept tentes ; en
1893, sept, et, en 1894, six. Par contre, le vieux marabout redevient en faveur dès qu'on cesse de nous
craindre : trente-sept tentes sont allées le retrouver
dans les premiers mois de 1895, et, si le commandant
Godron et l'agha Si Eddin n'avaient pas, en mars
1897, pris, comme dans un gigantesque coup de filet,
la majeure partie des Châanbâa, il aurait, en somme,
regagné aujourd'hui ce qu'il avait perdu.

On voit ainsi d'une manière très nette que, dans l'Extrême Sud algérien, notre autorité dépend uniquement de l'impression que nous donnons de notre force ; et, par cela, il faut entendre la force effective et agissante. Si nous restons dans ces pays perdus sans but, sans plan d'action, sans programme, notre rôle devient très dangereux, autant pour les contingents entretenus à grands frais à El-Goléa et dans les forts Mac-Mahon, Miribel et Lallemand que pour notre situation même dans les régions où nous sommes installés à demeure depuis plus de quinze ans. Ce n'est pas impunément que nos tribus nomades apprennent que les dissidents attaquent nos convois, razzient nos chevaux et assassinent nos officiers, sans qu'une répression immédiate s'ensuive. La mort du lieutenant Collot caractérise un état de choses qui ne peut continuer indéfiniment. Il faut que décidément on envisage nettement les termes d'un problème qui ne comporte que deux solutions : une action militaire au Touat ou l'abandon immédiat de postes avancés créés dans le sud de la province d'Alger et où notre autorité est telle que, à quelques kilomètres de distance, les Châanbâa dissidents viennent en toute liberté se livrer à leurs audacieux coups de main.

L'opération qu'a exécutée, au commencement de 1897, au Gourara et dans les oasis de l'oued Messaoura, le chef de bataillon Godron, alors commandant du cercle de Géryville, avec cinq cents chevaux des Trafis ayant à leur tête l'agha des Oulad Sidi-Cheikh, Si Eddin-ben-Hamza, a démontré qu'un goum de cet effectif, commandé par des chefs indigènes et dirigé par des officiers français, constituait une force à laquelle les tribus sahariennes hostiles ne sauraient résister en rase campagne, et qu'une action militaire peut être exercée efficacement contre le Touat avec des moyens limités.

Ce système rencontre, il est vrai, des contradicteurs : « Il faut, disent-ils, une grande colonne militaire ou rien, car nous ne voulons pas nous exposer à un nouveau Zâatcha. »

Il est évident que, pour faciliter notre action politique, les forces indigènes à diriger sur le Touat ne peuvent qu'appuyer une démonstration des troupes françaises, car il n'est pas possible de laisser les grands chefs arabes agir en dehors de l'action directe de notre autorité ; de plus, l'absence de contingents français ne manquerait pas d'être interprétée comme une sorte d'aveu d'impuissance. Seulement, il est bien clair que, dans l'hypothèse d'une opération combinée, les effectifs français doivent être réduits, de manière à ne constituer qu'un « noyau ». C'est autant dans ce but que pour étendre notre autorité dans tout le Sud que le gouverneur général de l'Algérie et le commandant du 19e corps font édifier de nouveaux postes fortifiés dans les régions qui séparent nos centres d'occupation les plus méridionaux des oasis du Touat.

En ce qui concerne Zâatcha, la situation respective des indigènes et des Français était, en 1849, la suivante : égalité de bravoure individuelle et quasi égalité d'armement. L'artillerie, à cette époque, ne disposait que d'obus à faibles effets, ne faisant que difficilement des brèches praticables dans ces murs en pisé. Aujourd'hui, il n'en est plus ainsi. Comme hommes, Français et Arabes, encore que les ksouriens du Touat soient des dégénérés, ont conservé les mêmes qualités d'énergie et d'endurance. Mais le fusil Lebel met l'indigène hors d'état de lutter en ces corps à corps si terribles il y a encore un quart de siècle. Quant à l'artillerie, avec ses obus à mélinite produisant des ravages considérables, est-il besoin de dire qu'un ksar, même mieux aménagé que ne l'était Zâatcha, ne lui résisterait pas longtemps? Nos engins de guerre perfectionnés sont regardés par ces populations ignorantes et superstitieuses comme des armes mystérieuses dues à notre initiation dans les sciences occultes ; les imaginations se frappent, la mitraille ébranle les courages et la bravoure s'évanouit.

D'ailleurs, relativement au degré de résistance des ksour, l'exemple de Zâatcha serait mal choisi, d'après le témoignage du colonel Pein, acteur autorisé du siège :

Les officiers qui ont fait partie de cette expédition ne se sont jamais bien rendu compte de ce qui a empêché le général Herbillon de faire le premier jour ce qu'il a fait le dernier. Les colonnes d'assaut, conduites vaillamment par les colonels Canrobert, de Lourmel et Barral, auraient aussi bien fait à tout autre moment ce qu'elles ont fait le 26 novembre. Admettons quelques obstacles de plus ; au dire de tous, ils n'auraient pu arrêter une attaque conduite par de tels hommes.

Toutes les opérations du siège ont porté *le cachet de l'hésitation et du manque d'initiative.*

Le siège de Laghouat, opération tout aussi délicate que celui de Zâatcha, fut l'affaire d'un jour. Le lendemain de son arrivée, le général Pélissier fait reconnaître le point où il va mettre l'artillerie destinée à faire brèche ; cette opération nous coûte du monde. Dans la nuit, il fait investir l'oasis ; le lendemain, il lance ses colonnes d'assaut. Laghouat est pris maison par maison, ou plutôt toit par toit. Quand l'opération est terminée, trois colonnes vont, avec de grandes précautions, fouiller les jardins, et chaque corps va le soir même reprendre l'emplacement de son camp.

Voilà comment le général Pélissier s'en tira à Laghouat ; *on pouvait s'en tirer de même à Zâatcha.*

Il serait donc grand temps de trancher définitivement cette question du Touat, qui traîne depuis tant d'années, car, si nous continuons ce système de malheureuses tergiversations, elle le sera contre nous et en violation de nos droits les plus certains.

Notre action ne saurait entraîner aucune complication internationale. L'Espagne, seule puissance légitimement intéressée dans les affaires du Maroc, a reconnu le caractère exclusivement algérien de la question du Touat ; l'Angleterre en a consacré le rattachement à la zone d'influence de l'Algérie par un traité formel (1) ; en Italie, ces deux traités n'ont soulevé aucune objection ; enfin, les régions comprises entre les rives nord et est du Tchad et notre colonie ont été reconnues en 1894, par l'Allemagne, comme rentrant dans la sphère d'action de la France.

En réalité, il ne s'agit pas d'une expédition lointaine. Puisque la route par Igli nous heurterait aux tribus belliqueuses du Sud marocain, Doui-Menia, Oulad-Djérir, etc., et pourrait nous amener à violer la frontière marocaine, celle d'El-Goléa (2) permet,

---

(1) Confirmé en 1898.

(2) Pour d'autres raisons encore qu'il serait trop long d'énumérer ici, le point de départ de l'opération semble devoir être El-Goléa plutôt qu'Igli. D'ailleurs, le jour où nous occuperons le Gourara et le Touat par El-Goléa, la vallée entière de l'oued Messaouara nous appartiendra de fait, puisque ses deux extrémités se trouveront en notre pouvoir.

au contraire, de laisser à l'entreprise son caractère de simple mission de police politique algérienne, à laquelle suffirait amplement un goum solide, appuyé par une colonne légère de 5 à 600 hommes. Toutes les mesures peuvent être prises rapidement. De nouveaux atermoiements auront pour conséquence inévitable la perte définitive du Touat. Et ce serait alors l'insurrection en permanence dans le Sud, la guerre « sainte » à l'heure d'une guerre européenne, l'anéantissement de l'œuvre de pénétration saharienne, un échec humiliant pour l'honneur national.

Politique saharienne.

La nécessité d'une direction unique des affaires militaires et de la politique du Sahara s'impose non moins impérieusement, par corrélation avec notre occupation de Tombouctou et nos progrès autour de la boucle du Niger, en vue de la jonction future de l'Algérie et du Soudan par la voie naturelle Ouargla, Amguid et Italès.

L'occupation de Tombouctou par nos troupes a été un des faits politiques et géographiques africains les plus considérables dont il nous ait été donné de nous réjouir en ce siècle; elle a eu un retentissement extraordinaire parmi les populations musulmanes du nord de l'Afrique et a particulièrement frappé celles du Centre et de l'Ouest saharien.

Que doit-il se passer depuis chez ces dernières? Dans chaque tribu, dans chaque fraction, la djemâ discute, délibère fréquemment sur une situation con-

sidérée partout comme menaçante. Des délégués des
djemâs se groupent probablement à leur tour périodiquement, soit sur des marchés, soit dans les centres des
confédérations, afin d'arrêter une décision collective.

Mais pour qui connaît ces tumultueuses assemblées,
où chacun cherche, par tous les moyens, à faire prévaloir une opinion toujours basée sur l'intérêt particulier de sa fraction ou de son *soff* (1), étant donnés,
d'autre part, les rivalités séculaires entre tribus, le
caractère des Touareg, leurs intérêts contradictoires,
leur soif de butin et d'argent (2), la jalousie de leurs
chefs et la conscience qu'ils ont de la supériorité de
notre armement, il y a presque certitude qu'il ne sera
jamais pris aucune décision ferme et pratique permettant de grouper, en vue d'une action commune contre
nos possessions, tous ces éléments épars et hostiles
lesuns aux autres.

Pour nous, il ne saurait encore être question d'opérations militaires au delà des environs immédiats de
la boucle du Niger, où l'on entrerait absolument dans
l'inconnu. En attendant que notre drapeau flotte à
In-Salah, nous devons nous borner à assurer notre
conquête, à organiser Tombouctou en place d'appui
sérieuse et à lancer dans le Sahara, pour en étudier la
topographie et les ressources, des missions scientifi-
ques fortement armées. Enfin, il importe tout particulièrement d'y faire, dès à présent, œuvre politique et
d'y préparer notre action future, militaire et économique.

---

(1) Parti.
(2) Proverbe courant : « Le targui a le ventre large », c'est-à-dire
est insatiable.

Tombouctou, aspirateur naturel de tout le commerce de l'ouest, par sa position au point de convergence des plus importantes routes de caravanes venant du nord-ouest, du nord et du nord-est, est placé, au point de vue d'une diplomatie franco-targuiâ dans le sud-ouest du Sahara, dans des conditions aussi favorables que le sera In-Salah pour le nord quand nous serons établis au Touat.

En effet, les deux principaux échelons du mouvement économique de la région, Araouan et Mabrouk, passages *obligés* des caravanes, sont éloignés de 250 kilomètres au plus de Tombouctou. A 2 ou 300 kilomètres au delà est situé Taodenni, dont les importants gisements de sel sont exploités par toutes les populations du Sahara occidental.

En faisant surveiller par nos émissaires ces trois points, Tombouctou est en situation de connaître l'état d'esprit de ces populations et la plupart des nouvelles sahariennes. Ces nouvelles, jointes aux renseignements recueillis par nos émissaires algériens d'In-Salah, par nos postes du Hassi-Chebaba, du Hassi-el-Hameur, etc., et contrôlés les uns par les autres, permettraient à notre politique saharienne d'agir constamment en connaissance de cause.

Jusqu'à présent, notre autorité au nord de Tombouctou semble n'avoir fait que des progrès insignifiants; cependant, en utilisant habilement les divisions qui règnent entre tribus et confédérations, en profitant de la jalousie des chefs, en suscitant des intérêts et des groupements nouveaux, etc., une diplomatie intelligente et avisée pourrait arriver à nous gagner des clients, à créer parmi ces intelligents

Touareg un parti français, sans lequel, nous ne devons pas l'oublier, il nous sera impossible de réaliser notre programme de jonction de nos deux colonies.

Cette dernière vérité est facile à démontrer. En effet, les Touareg, outre la vitesse d'allure qu'ils tiennent de leurs mehara, avec lesquels ils peuvent faire des raids de plusieurs centaines de kilomètres en quelques jours, ont des procédés d'attaque contre lesquels nos méthodes habituelles et les précautions prescrites par nos règlements, pour si bien qu'elles soient prises, sont insuffisantes, surtout la nuit (1). Presque toujours ils attaquent nuitamment. Leurs armes sont la lance, l'épée, le poignard. Ils s'approchent sans bruit, en se cachant, puis bondissent avec un élan, une impétuosité remarquables.

Or, la nature même des noirs que nous employons comme soldats au Soudan, tirailleurs ou spahis, exige une attention de tous les instants, une garde extrêmement sévère. Leur courage n'est pas à défendre. A cent reprises, ils ont montré une valeur égale à celle des troupes européennes. Mais ce qui est dangereux, c'est la presque impossibilité où ils sont de résister au sommeil; c'est leur répugnance de l'arme blanche, comme aussi leur esprit mobile, qui peut amener des paniques dans lesquelles, pourtant, la lâcheté n'est pour rien. On ne peut que très difficilement faire user aux tirailleurs de la baïonnette; ils préfèrent frapper à coups de crosse. Enfin, nous

---

(1) Depuis le massacre de Tacoubao, où périt le colonel Bonnier, on prit le parti de ne jamais camper sans s'entourer de deux haies concentriques d'épines, entre lesquelles circulent les sentinelles

n'avons pas de troupes qui puissent faire la chasse aux Touareg.

L'unique remède à cette infériorité organique consiste à opposer les nomades aux nomades, les Touareg aux Touareg. L'exemple de l'Algérie est là pour démontrer la possibilité de trouver, dès à présent, moyennant certains avantages, des tribus disposées à constituer des goums. Il suffirait de les armer. Avec ces goums, bien encadrés, on aurait une troupe habituée à la guerre des Touareg, au courant de leurs ruses, connaissant les itinéraires et les points d'eau et possédant, en outre, l'appoint matériel et moral d'un armement perfectionné.

Les Tademekket, — cette importante tribu de la confédération des Aoulimmiden, dont les individus escortent, moyennant redevance, les caravanes entre Tombouctou et l'oued Drâa, au sud du Maroc, — les Tademekket doivent pouvoir être facilement amenés à composition. Et la preuve en est qu'un certain nombre de Tinguereguef, cette fraction des Tademekket dont un rezzou a attaqué et détruit la reconnaissance du colonel Bonnier, avaient, dès le début, demandé et obtenu l'*aman* du colonel Joffre. En effet, les Tademekket tirent les céréales indispensables à leur existence du Macina, situé au sud de Tombouctou et couvert par cette place. Nous les tenons donc, pour nous servir de l'expression imagée des orientaux, « par le ventre »; et il suffirait, vraisemblablement, de leur interdire l'accès de nos marchés pour leur couper les vivres ou, tout au moins, gêner considérablement leurs ravitaillements.

Par conséquent, en agissant avec une prudence et

un doigté convenables, il paraît possible de s'en faire assez rapidement des auxiliaires. D'ailleurs, il semble que les Tademekket consentiraient d'autant plus volontiers à nous fournir un maghzen à mehari contre les autres Aoulimmiden qu'ayant été expulsés, il y a un peu plus de deux siècles, de l'Adrar-el-Guebli par les ancêtres de ceux de leurs parents établis aujourd'hui dans cette fertile contrée montagneuse, ils sont, depuis cette époque, en état d'hostilité plus ou moins ouverte avec eux (1).

En fait, nous nous trouvons, de chaque côté du Sahara, en présence de populations de même origine, nomades, guerrières, pillardes et sans scrupules, qu'il est indispensable de surveiller étroitement et dont il faut détruire le brigandage, si désastreux aux transactions commerciales. Pour cela, il faut des forces appropriées au pays. Ces forces sont d'autant moins difficiles à recruter qu'il n'y a pas de nation targuiâ, que les différentes confédérations et tribus comprises sous l'appellation de Touareg qui vivent en errant à travers l'immensité du Sahara, tout en ayant une même origine ethnique, n'en sont pas moins parfaitement indépendantes les unes des autres et en état d'hostilité à peu près permanente entre elles.

De Tombouctou, il est encore possible d'exercer une certaine surveillance sur les agissements du Maroc et des confréries musulmanes.

L'activité d'un service politique ne serait pas moins sollicitée par les tentatives de dérivation commerciale

---

(1) D'après Barth.

des comptoirs anglais établis au cap Juby et sur la
Seguiâ-el-Hamra, et par leur ingérence politique dans
les affaires sahariennes et surtout l'introduction des
armes et des munitions de guerre (1).

Enfin, l'au delà de Tombouctou étant pour nous
l'inconnu, il importe au plus haut point qu'on s'y
occupe de réunir tous les renseignements politiques,
militaires, économiques et géographiques de nature
à éclairer notre diplomatie.

Mais, hâtons-nous de le dire, la politique à suivre à
Tombouctou doit être une politique spéciale, tout à
fait différente de celle du Soudan, car, là, nous ne sommes plus en pays nègre; comme le disent eux-mêmes
les officiers qui ont séjourné dans la région, « nous
sommes ici en Algérie, et non plus au Soudan noir ».

Dès lors, il devient indispensable, si l'on veut que
ce service politique et de renseignements puisse
fonctionner avec fruit, d'adjoindre au commandant
supérieur de Tombouctou, comme chef du service des
renseignements, un officier des affaires indigènes
d'Algérie parlant bien l'arabe et déjà rompu aux
questions sahariennes, et non pas — ceci a une grande
importance — un officier des affaires indigènes du
Soudan, car celui-ci aurait son éducation à faire de
toutes pièces.

---

(1) Cette preuve de la pénétration graduelle de l'Angleterre dans le
Sahara est de la plus haute importance au point de vue politique, et
la France, qui a de si grands intérêts à sauvegarder dans ces régions,
aura désormais à se préoccuper des progrès d'une nation qui s'est
toujours montrée jalouse de notre développement national. Les Anglais ne manqueront pas d'approvisionner nos ennemis d'armes et de
munitions, d'entretenir parmi les indigènes l'idée que notre puissance n'est pas absolument sûre, et de profiter de toutes les occasions
pour nous susciter des difficultés.

Il n'est nullement dans notre pensée de mettre en doute les aptitudes politiques des officiers des troupes de la marine : nous en avons connu et nous en connaissons qui ont fait merveille dans cette partie. Mais les conditions du Soudan sont totalement différentes de celles du Sahara : les populations essentiellement nomades de celui-ci ne ressemblent en rien aux populations semi ou entièrement sédentaires de l'autre; leur langue (tout Targui récite les versets du Coran; un assez grand nombre de Touareg comprennent et parlent l'arabe), leur esprit politique, leurs allures, leur mode d'existence, leurs besoins diffèrent du tout au tout; il en est de même du caractère et de la physionomie des deux contrées; enfin, la guerre ne s'y fait pas de semblable façon.

Il est donc logiquement indispensable de confier un service aussi important à une personne connaissant déjà la partie du Sahara confinant à nos postes du Sud algérien, ses populations et le plus possible de leur langue.

Il nous paraît également utile à notre influence et à notre diplomatie d'annexer au service politique de Tombouctou un service médical indigène entièrement distinct de celui de la garnison.

On sait combien nos médecins militaires sont appréciés par les populations musulmanes du nord de l'Afrique ; ils ne tarderaient pas à l'être par celles de Tombouctou. Les caravaniers marocains ou touatiens, qui les connaissent au moins de réputation, s'empresseraient d'autant plus de les consulter dès l'arrivée, que la traversée du Sahara, surtout celle du Tanezrouft, les privations de toute sorte et la fatigue permanente qu'elle entraîne occasionnent ou réveillent de nombreuses affections : ophtalmies souvent purulentes, fièvres diverses, accidents syphilitiques, etc.

Si le médecin réunit certaines qualités, il peut obtenir des malades, en échange de ses soins, des renseignements qu'ils tairont soigneusement à l'officier des renseignements ; par suite, il sera pour celui-ci un très précieux auxiliaire. En assurant la gratuité absolue des soins et des médicaments, il n'y a pas de doute que, petit à petit, les Touareg eux-mêmes ne viennent à lui.

Ce médecin militaire devrait parler l'arabe, être au courant des mœurs et des idées musulmanes, avoir vécu et pratiqué dans le Sud algérien, et avoir l'esprit assez fin et assez délié pour amener les malades à parler le plus possible.

De même, il nous semble nécessaire de créer, en un point convenable des environs immédiats de Tombouctou, un village de liberté où tout esclave échappé trouverait protection et moyens d'existence. En effet, quelle ne serait pas l'utilité pour nous, aux avant-postes, d'un groupement semblable d'hommes connaissant bien le pays, susceptibles de servir de guides et ayant un intérêt évident à nous rester fidèles !

En ouvrant ce refuge, auquel il faudrait faire donner au Sahara central toute la notoriété possible, il suffirait d'assurer aux esclaves qui voudraient demander notre protection quelques moutons ou une chamelle et la libre disposition d'un terrain de pâture ; en échange, on les astreindrait à un léger service militaire et aux fonctions de guide.

Les arrivages de fugitifs seraient, à n'en pas douter (1), constants, et nous serions, par eux, tenus au courant d'une bonne partie de ce qui se passe au Sahara.

Mais à qui la direction de ce service politique et de renseignements devrait-elle être dévolue ? Au ministre des colonies ou au gouverneur général de l'Algérie ?

Au point de vue administratif, la direction d'ensemble doit évidemment échoir au ministre des colonies, Tombouctou relevant de son département. Mais, en examinant les choses de plus haut, en étudiant les conditions géographiques et politiques du Sahara, on acquiert la conviction que seul le gouverneur général de l'Algérie peut être utilement chargé de l'orientation politique.

Notre action diplomatique dans cette région, pour être menée avec chance de succès, exige, cela est clair, une unité de direction absolue, une concordance parfaite entre la politique suivie au nord et celle suivie au sud-ouest. Or, non seulement le gouverneur de l'Algérie tient déjà dans sa main tous les fils de notre politique avec les Azdjer et les Hoggar, mais la politique inaugurée par M. Cambon semble excellente, l'impulsion existe, le mouvement est bien mené, avec prévoyance et sagesse ; n'est-il pas logique, dès lors, de lui confier également, dans

---

(1) Il suffit de voir avec quelle rapidité les villages de liberté créés au Sénégal se sont développés.

ce Sahara, *où*, quoi qu'on dise, *tout se tient*, la direction générale de notre politique avec les Aoulim-miden et les Kel-Ouï?

Un partage de la direction politique saharienne entre deux hautes autorités conduirait inévita-blement à des divergences de vues : il s'ensuivrait qu'une diplomatie franco-targuîa dont on aurait lieu de se féliciter au nord pourrait être compro-mise par des incidents contradictoires au sud-ouest.

Si donc notre diplomatie, sous peine de s'user en efforts divergents, doit être une, le service politique installé dans notre nouvelle base de pénétration de Tombouctou doit recevoir une impulsion en con-cordance parfaite avec celle imprimée à notre poli-tique au nord, c'est-à-dire la même direction, celle du gouverneur de l'Algérie.

Il va de soi que, pour laisser à ce haut fonctionnaire le soin de tracer la ligne de conduite politique à suivre, le ministre des colonies ne peut être désin-téressé du service des renseignements de Tom-bouctou. Les exigences administratives, les règles hiérarchiques, des considérations politiques et mili-taires intéressant à la fois le Sahara et le Soudan français, etc., demandent, au contraire, que ce ser-vice fasse corps avec l'administration du Soudan, appartienne en propre au ministre des colonies.

Il serait étrange en effet, aussi longtemps que nous n'aurons pas relié directement le Touat à Tom-bouctou, qu'un service spécial relevant uniquement du gouverneur de l'Algérie fût ainsi perdu dans une contrée éloignée d'Alger et dépendant d'un autre département ministériel; dans une contrée où ce haut fonctionnaire n'a par lui-même aucune action, aucun moyen propre de faire parvenir ses ordres et d'en assurer l'exécution ; que ce service fût placé, par le fait même, dans une sorte d'indépendance vis-à-vis du commandant supérieur, chef réel du service politique, *il ne faut pas l'oublier*, indépendance absolument inadmissible, contraire à la logique, aux règles de discipline et à la bonne exécution du service. D'ailleurs, dans de telles conditions, l'officier des renseignements serait sûrement considéré à Tombouctou comme un contrôleur gênant ; il serait exposé à toutes sortes de difficultés résultant de la force d'inertie, sinon même du mauvais vouloir d'autorités avec lesquelles il n'aurait pas de lien officiel ou hiérarchique bien défini.

Le service des renseignements de Tombouctou devra donc relever exclusivement, aussi bien au point de vue administratif et du commandement qu'au point de vue de l'exécution du service, du ministère des colonies ; mais, en ce qui concerne la ligne politique à suivre, l'impulsion émanerait du gouverneur de l'Algérie, seul en situation, nous le répétons, de faire utilement œuvre de stratégie politique dans le Sahara. Cette impulsion serait transmise à Tombouctou par l'intermédiaire du ministre des colonies, à qui elle parviendrait sous la forme de règles générales de conduite politique, de *directives*, comme on dit en stratégie militaire.

Pour accélérer entre le ministre des colonies et le gouverneur de l'Algérie l'échange de la correspondance relative au Sahara, ces deux hautes autorités seraient autorisées à correspondre directement entre elles sans passer par l'intermédiaire du ministre de l'intérieur, quitte à lui adresser le double de la correspondance.

Le Transsaharien.

Tandis que notre pénétration en Afrique est allée, jusqu'à ces derniers temps, de succès en succès de l'ouest à l'est et du sud au nord, notre descente du nord au sud a été nulle, malgré la base forte et naturelle, absolument unique, offerte par l'Algérie et la Tunisie. Depuis cinquante ans nous n'avons pas songé à l'utiliser !

Notre empire colonial africain est aujourd'hui immense ; son point de jonction géographique est la région du Tchad. Cette région doit devenir également un point de jonction économique et stratégique par la construction de chemins de fer mettant nos riches possessions de l'Algérie, de la Tunisie, du Sénégal, des bords de l'Atlantique et du Congo français en communication les unes avec les autres, pour en former non plus le bloc théorique tel qu'il résulte de la convention franco-anglaise du 20 mars 1899, mais un bloc réel, effectif.

Notre politique d'expansion coloniale deviendrait un non-sens si elle s'enfermait dans la formule étroite de la conquête. Son double but est l'exploitation des richesses latentes des pays neufs et l'assimilation progressive des peuples qui les habitent. Pour l'atteindre, il faut, avant tout, faciliter les communications de la métropole avec les colonies et multiplier les occasions de rapprochements entre les individus de la race conquérante et ceux de la race conquise. Le moyen le plus rapide, le plus efficace, est évidemment l'établissement de chemins de fer, qui rendent plus aisés, plus fréquents et moins coûteux le déplacement des individus et le transport des marchandises d'échange.

L'idée du chemin de fer transsaharien, lancée il y a plus de vingt ans par l'ingénieur Duponchel, reprise depuis par l'ingénieur Rolland et soutenue sans relâche par le général Philebert et d'autres africains au patriotisme clairvoyant et aux conceptions vastes et élevées, a échoué jusqu'aujourd'hui devant un devis de dépenses atteignant près d'un milliard, pour un trafic alors tout à fait hypothétique.

Or, des calculs récents, basés sur le coût de la ligne de Sfax à Gafsa, ont démontré que la dépense, en doublant le prix de revient du kilomètre de cette ligne, ne dépasserait pas 250 millions de francs, chiffre hors de proportion avec les avantages.

En faisant abstraction de l'exploitation des richesses incalculables du Soudan et du Congo, peut-on prétendre qu'il n'y aurait pas de trafic pour le Transsaharien, même dans la région désertique? Se serait-on attendu, il y a dix ans seulement, aux richesses de phosphates de l'Algérie et de la Tunisie? La région saharienne est moins infertile qu'on ne le croit, plus riche qu'on ne le soupçonne. Les explorateurs y ont signalé la présence du phosphate et de la calamine, comme en Algérie; les géologues déduisent de leurs études qu'on doit y trouver d'importants gisements de nitrates semblables à ceux du désert d'Atacama, au Chili. Et le trafic des caravanes qui, actuel-

lement, font le transport des marchandises entre le
Soudan et la Tripolitaine d'une part et le Maroc de
l'autre, et le produit des salines, qui aurait un débouché rémunérateur au Soudan, etc.?.

Mais, aujourd'hui, la nécessité du Transsaharien
n'est plus seulement commerciale, elle est politique
et militaire.

Maintenant surtout que l'entrée du Nil nous est
fermée, il serait de la plus manifeste absurdité de
faire dépendre le ravitaillement dans l'Oubangui, par
exemple, d'une marche longue, excessivement lente
et coûteuse, à travers des pays marécageux et insa-
lubres. La traversée du Sahara, du sud de l'Algérie
au Tchad, est de 2.000 kilomètres. Une locomotive,
marchant à la vitesse de 30 kilomètres à l'heure, pourrait donc, en huit jours, porter soit un détachement
de nos troupes, soit des ravitaillements, des confins
de l'Algérie au cœur de l'Afrique centrale.

S'il avait été donné suite à l'idée première du Transsaharien, nul doute que la question de Fashoda n'aurait eu une tout autre solution, peut-être même
n'aurait-elle pu surgir; et alors, au lieu de voir,
aujourd'hui, l'Angleterre former du nord au sud de
l'Afrique un « tout », du cap de Bonne-Espérance à
Alexandrie, c'est la France qui aurait, de l'ouest à
l'est, de Saint-Louis du Sénégal jusqu'à Djibouti,
étendu son domaine.

La construction du Transsaharien s'impose donc
au triple point de vue économique, politique et militaire. Cette gigantesque artère mettrait nos négociants
de Marseille, pour l'exploitation du Soudan et du
Congo, à cinq ou six jours de la région du lac Tchad

et leur permettrait de recevoir ou d'envoyer leurs marchandises en une douzaine de jours; elle ferait cesser complètement la contrebande étrangère dans les régions prospères du Sud algérien (le Mzab, le Souf, l'oued Rïr) et donnerait à nos commerçants la faculté de lutter victorieusement, dans l'intérieur, pour les échanges sahariens et transsahariens, avec les concurrences marocaine et tripolitaine; elle assurerait définitivement notre domination dans les marches sahariennes et placerait les oasis du Touat sous notre entière dépendance; elle permettrait, le cas échéant, une concentration rapide de troupes dans l'Extrême-Sud algérien; elle ferait réaliser annuellement des économies considérables sur les frais de ravitaillement de nos postes du Sahara, économie qui deviendra plus importante encore, à mesure que nos postes se multiplieront et seront reportés plus loin, etc., etc.

Les chemins de fer « désertiques » sont aujourd'hui une œuvre connue et aisée. Les Australiens du Sud ont construit une ligne de 2.000 kilomètres dans un désert sans eau, ce qui n'est pas le cas du Sahara; trois immenses lignes ferrées traversent le continent américain à travers déserts et pampas. Les Russes, après avoir construit le Transcaspien, sont sur le point d'achever le Transsibérien.

Il n'est point, en effet, d'argument en faveur du futur chemin de fer reliant l'Algérie au Soudan à travers le *pays de la soif* qui vaille cet argument de fait : le succès du railway reliant l'Europe à la Chine à travers les *toundras* et les steppes.

Toutes les mauvaises raisons invoquées pour dé-

montrer l'impossibilité de la création du Transsaharien auraient pu être invoquées, avec la même vrai-
semblance, contre les chemins de fer transasiatiques.
Toutes les difficultés, sans exception, dont l'imagination des pessimistes peuple d'avance le Sahara, les
Russes les ont rencontrées et ils les ont vaincues ou
tournées.

Sables mouvants et guerriers farouches se rencontrent dans l'Asie centrale comme au Sahara. Seulement, ici, on ne connaît pas ces effroyables variations de température qui, d'une saison à l'autre,
épuisent presque toute l'échelle du thermomètre, ni
ces avalanches de neige qui la rendent aussi dangereuse pour les trains que l'envahissement des sables
fluides. La température est sans doute élevée, mais
le climat n'en est pas moins très sain. Il n'y aurait
pas à effectuer des travaux d'art délicats comparables
au pont sur l'Amour de 2.500 mètres, ni surtout au
prodigieux pont de l'Amou-Daria, improvisé sur un
terrain marécageux, indécis, incessamment affouillé
sur une longueur de 8 kilomètres par les eaux torren-
tueuses du plus fantasque des fleuves. Les *oueds* sahariens n'ont malheureusement de cours d'eau que le
nom.

L'objection tirée du manque d'eau ne peut être faite
sérieusement depuis que les forages artésiens ont
transformé de fond en comble la physionomie de
l'oued Rïr. Du reste, le Sahara n'est pas partout le
désert qu'on s'imagine. De distance en distance, on
rencontre de fraîches oasis, des massifs montagneux
boisés et ruisselants d'eau.

L'œuvre du Transsaharien ne se présente donc nullement, à l'heure actuelle, dans les conditions d'un travail sans précédent, et son exécution demanderait à peine sept à huit ans. La construction doit incomber à l'Etat, en raison de son importance stratégique et du rôle que jouera cette voie ferrée dans l'expansion de la France en Afrique et dans la consolidation de sa prédominance politique.

Pour diminuer les dépenses de construction, ne pourrait-on pas créer, pour la circonstance, un régiment provisoire de chemins de fer, puisqu'il y a surabondance de cadres dans le génie? Quantité d'officiers de cette arme s'empresseraient d'accepter une tâche aussi glorieuse et aussi utile pour le pays. L'Etat entretient, aux frais du contribuable, une multitude de prisonniers qui pourraient être très utilement mis à la disposition de ce régiment moyennant des réductions de peine. On aurait ainsi la main-d'œuvre à bon compte.

L'Angleterre construit en ce moment la voie ferrée du Cap à Alexandrie, qui doit constituer, suivant l'expression si juste d'un journal de Londres, « l'épine dorsale du futur empire de l'Afrique orientale anglaise ». La ligne venant du nord descend déjà jusqu'à Atbara et aura bientôt atteint la pointe septentrionale du lac Nyanza; le tronçon austral gagnera d'ici peu l'extrémité sud du lac Tanganika; dans l'intervalle, un troisième tronçon joindra les deux grands lacs, sur lesquels deux lignes de bateaux à vapeur relieront les trois sections.

Nos rivaux, pour profiter de la dernière victoire diplomatique qu'ils viennent de remporter sur nous, ne perdent pas une heure. Au lieu de nous laisser aller à de stériles regrets, à d'inutiles et même dangereuses récriminations, prenons exemple sur la résolution, l'esprit de suite qui caractérisent la politique britannique; agissons et agissons immédiatement.

On ne saurait prétendre que nous manquons de méthode, de ténacité et de persévérance dans la poursuite de nos conquêtes coloniales; mais où notre infériorité devient notoire, c'est une fois la conquête faite.

A peine les Anglais sont-ils maîtres d'un nouveau territoire qu'ils se mettent à l'organiser; ils y construisent des chemins de fer; ils y créent des centres commerciaux importants. La liberté commerciale anime et vivifie tout. Chez nous, au contraire, la conquête territoriale achevée, nous nous contentons trop souvent d'établir un réseau fort dispendieux d'administrateurs et d'arrêter par des taxes tout développement commercial.

Le Nil aura, dans quelques mois, son chemin de fer jusqu'à Khartoum. Cette localité sera, dans quatre ou cinq ans, une grande cité africaine rayonnant au loin. Que peut, en ce moment, notre pays sur le Congo et sur le Tchad? Où sont les grands centres que nous avons créés? Où sont nos chemins de fer? Comment le commerce peut-il pénétrer facilement à l'intérieur?

Parmi les commentaires que les journaux étrangers ont consacrés à la convention franco-anglaise du 20 mars 1899, celui de la *Gazette de Francfort* est particulièrement remarquable et mérite d'être retenu dans notre intérêt, tant il est frappant de justesse et de vérité :

L'Angleterre est, maintenant, complètement tranquille du côté de l'ouest et peut procéder sans crainte à l'exploitation de tous les territoires de la région des grands lacs et de la vallée du Nil. Elle n'a pas, pour cela, renoncé à sa liaison avec l'ouest, car, si la convention laisse la route du Nil ouverte au commerce français, *elle laisse également ouverte au commerce anglais la route du Tchad et des possessions britanniques du Niger.*

Il s'agit, maintenant, de savoir lequel des deux contractants fera l'usage le plus rapide et le plus étendu de ces avantages politiques et commerciaux. D'après l'expérience acquise, ce seront les Anglais. Il n'est pas difficile de prévoir le moment où toute la vallée du Nil jusqu'aux grands lacs sera sillonnée d'un chemin de fer anglais, et la continuation de ce chemin de fer à travers la colonie allemande de l'Est africain et la Rhodesia jusqu'au Cap n'est plus un rêve, de telle sorte que les économistes aussi bien que les politiciens peuvent tabler sur le chemin de fer d'Alexandrie au Cap.

Mais, après l'achèvement du chemin de fer du Nil, qui déjà arrive à Atbara, une ligne transversale vers le Darfour, c'est-à-dire jusqu'aux confins de l'Ouadaï, ne se fera pas longtemps attendre, *et, dès lors, tout le commerce de l'Afrique centrale, de ces riches territoires qui sont maintenant échus aux Français, tombera entre les mains des Anglais et prendra la route du Nil.*

Les Français ne peuvent empêcher cela de se produire qu'en construisant rapidement le chemin de fer du Sahara, depuis si longtemps projeté. Ils doivent prolonger les voies ferrées algériennes vers le sud, jusqu'au cœur du Sahara, d'où un embranchement se détachera vers Tombouctou et la Sénégambie, tandis que la ligne principale se dirigera vers le sud-est et, par le Tibesti et le Kanem, atteindra le lac Tchad. C'est seulement de cette façon que les Français pourront faire fructifier leurs nouvelles acquisitions aussi bien que leurs autres possessions africaines. Il serait d'ailleurs grand temps que les Français songeassent à tirer parti de leurs colonies, au lieu de penser uniquement à les agrandir.

La France, qui a fait le canal de Suez au profit des autres nations, et principalement de l'Angleterre, qui a fourni les capitaux avec lesquels la Russie a fait le Transcaspien et fait actuellement le Transsibérien, ne fera-t-elle pas elle-même, dans un jour prochain, le chemin de fer transsaharien, qui lui assurerait la seule base d'exploitation économique du Soudan, la

sécurité de l'extrême sud de l'Algérie et la consolidation militaire et politique de sa situation dans le nord
de l'Afrique?

IIᵉ PARTIE

DÉFENSE INTÉRIEURE

Mode de domination des Turcs.

Il est indispensable, pour l'intelligence complète de notre sujet, de faire ressortir rapidement comment et par quels moyens les Turcs ont pu maintenir pendant trois siècles leur domination sur les races arabe et kabyle, qui ne leur sont inférieures sous aucun rapport ; car les Turcs représentent la nation la moins douée, la moins apte au développement politique et social, la moins riche et la moins entreprenante.

Sous la domination turque, l'Algérie était divisée en quatre beyliks ou provinces : Alger, Constantine, Oran et Tittery. Mais les Turcs n'ont jamais occupé le pays que d'une façon imparfaite. Les chefs-lieux des beyliks n'étaient reliés entre eux par aucune voie de communication régulière, et il n'existait pas de ponts.

Les grandes et fières tribus des hauts plateaux ont été, de fait, toujours indépendantes, car jamais elles n'ont courbé la tête sous le joug de l'Odjak (1) ; elles ont quelquefois été ses alliées, jamais ses sujettes. Celles du Sahara se sont toujours dérobées à la servitude grâce au désert. Les populations du Tell, plus saisissables, s'inclinaient tant bien que mal sous l'autorité des beys, sauf cependant les Berbères de l'intérieur des massifs montagneux, qui demeurèrent réfractaires à toute soumission.

L'autorité des Turcs était si précaire que, à chaque changement de gouvernement, on voyait, jusqu'aux portes des villes, les vieilles tribus arabes reparaître avec leur ancienne organisation, leurs rivalités et leur esprit d'exclusion qui fait que chacune d'elles se considère comme une nation distincte. Partout alors le premier usage qu'elles faisaient de leur indépendance momentanée, due aux circonstances, était de se battre entre elles.

L'Odjak, cette république militaire et religieuse élevée contre la chrétienté comme Rhodes et Malte le furent contre l'Islam, était un singulier gouvernement, aussi défectueux dans son organisation que dans son fonctionnement : son administration était nulle ; l'ignorance, la corruption et la concussion s'étalaient partout. Tous ses membres, dont le chef était électif, devaient être Turcs. La force armée était relativement très faible, puisqu'avec 7 à 8.000 hommes il maintenait tout le pays ; elle comprenait les janissaires et la milice. Celle-ci était formée d'une petite quantité d'asker (fantassins) avec quelques pièces de canon. C'était là toute l'armée régulière

---

(1) Gouvernement turc.

du beylik. Les goums des tribus maghzen, c'est-à-dire soumises, renforçaient cette armée pour les expéditions.

Certains postes, notamment les plus éloignés, étaient occupés en permanence par des fractions de la milice ou des colonies d'aventuriers de toutes les races appelées « noubas ». Ces noubas étaient placées sous la protection des khalifas, aghas ou kaïds soumis au bey de la province. Vivant des denrées en nature qu'ils prélevaient sur la localité, les asker épousaient des femmes indigènes, produisant ainsi la race des Kraghla (1).

L'impôt turc était celui prescrit par le Coran, par conséquent peu élevé ; cependant, le beylik était riche, parce que les dépenses étaient très limitées.

La rentrée de l'impôt des plaines, tout en exigeant parfois la sortie des colonnes, se faisait sans trop de difficultés. Quant à l'impôt des pays montagneux, sa perception était laborieuse, toujours partielle, plus souvent nulle : tout dépendait des dispositions des djebelias (montagnards). S'il y avait refus, les beys organisaient une harka (expédition) qui s'engageait avec précautions dans le massif montagneux, obligée d'acheter quelquefois le droit de passage à certaines tribus, afin d'aller razzier les villages rebelles. Mais, si le bey trouvait l'opération trop difficile, il composait, transigeait dans l'attente de temps meilleurs ou d'une razzia à opérer dans la plaine quelque temps après, si les récalcitrants, rassurés, y descendaient leurs troupeaux. Lorsque

---

(1) Pluriel de Kouloughli.

des insoumis se rendaient sur les marchés, ne se doutant pas qu'ils étaient guettés, on les arrêtait et on les gardait comme otages.

S'agissait-il d'un coup de main important ou d'une opération exigeant une exécution rapide, les beys employaient soit leur cavalerie seule, soit des asker montés sur des mulets, soit les deux armes réunies. Mais, en général, ils s'arrangeaient pour que les tribus se combattissent entre elles, évitant ainsi de conduire eux-mêmes la harka.

Des notions insuffisantes sur l'histoire de la domination turque ont fait penser souvent que la communauté de religion facilitait l'administration des Algériens. Erreur profonde! Cette communauté de religion facilitait tout au plus les mariages. Les Turcs furent obligés de recourir à tous les moyens pour se maintenir dans le pays. Sans parler de l'emploi de la force, ils se ménageaient l'influence des marabouts par des faveurs et des privilèges. Leurs zaouïas, ou communautés religieuses, étaient exemptées d'impôts et de corvées; les beys les gratifiaient de présents et, en retour, exigeaient seulement la nourriture nécessaire aux colonnes expéditionnaires, la « diffa ». Malgré tous leurs bons offices auprès des personnalités dirigeantes, les Turcs ne parvinrent jamais à se faire accepter de bonne grâce par les indigènes : ils en étaient détestés.

Quand, en 1830, après la prise d'Alger, le bey d'Oran implora le secours des Arabes contre les Français, il conjura Si el-Hadj-Maheddin, père d'Abd-el-Kader, d'user en sa faveur de son influence sur les indigènes. Maheddin, ce marabout vénéré, jadis jalousé, persécuté et exilé par ce même bey, se rappelant seulement la cause sainte de l'Islam, allait oublier les injures passées et céder... Tout à coup, surgit Abd-el-Kader, le second de ses cinq fils, qui peint avec chaleur la tyrannie des Turcs, la haine justifiée des Arabes et obtient de son père une neutralité qui laissait, contre les Turcs, libre action aux Français, « ces instruments de Dieu ».

Les résistances à l'autorité de l'Odjak et les soulèvements étaient fréquents. L'ère des chérifs n'a pas été inaugurée sous notre domination ; il en apparut également sous les Turcs. C'est un chérif nommé Bel-Harch qui détruisit la colonne du bey Othman, à l'oued Zour ; c'est un chérif qui, en 1811, bouleversa la province d'Oran.

Les Turcs étouffaient les insurrections dans le sang. En ordonnant des exécutions, les beys obéissaient souvent à la jalousie et aux passions des chefs arabes ; mais le vulgaire Bédouin voyait en frémissant tomber les têtes sans s'occuper des causes de ces rigueurs.

La domination turque exploitait tour à tour les effets de la terreur ou du fatalisme. La politique intérieure du maghzen avait pour devise : *Divide et impera*. Cette politique était basée sur les discordes ou les rivalités qui existent toujours entre les divers membres des familles musulmanes ; elle était très habile pour le maintien de la domination, mais déplorable pour la prospérité du pays. Ce système permettait de faire naître et d'attiser les luttes intestines entre tribus. Parfois, les beys entretenaient à leur solde, et le plus près possible de la tribu, un prétendant dont ils étaient prêts à soutenir les droits au commandement si le chef qui en était investi cherchait à se déclarer contre eux ou à nuire à leur politique. D'autres fois, ils nommaient deux chefs dans la même tribu sans la leur partager.

Les vieillards de la tribu des Righa, près de Sétif, se souvenaient encore, il y a quelques années, dit le colonel Pein, de leur ingénieux procédé.

Les Righa se divisaient en deux grandes fractions vivant sous un seul kaïd (les Quebala et les Dahra); ils avaient une cavalerie redoutable. Brouillés quelquefois, ils se battaient entre eux; à d'autres moments, ils vivaient en frères. Mais la paix chez les Righa gênait fort les beys, auxquels rien de plus fâcheux ne pouvait arriver; car les gens de cette tribu, se sentant alors unis et forts, résistaient à leurs ordres, refusaient l'impôt et battaient le maghzen. Or, à une certaine époque, la paix chez les Righa semblait si bien rétablie que le bey s'en émut et songea au moyen de modifier une situation peu rassurante pour lui. Il destitua leur kaïd et leur en donna deux, sans leur partager la tribu. Arrivés à leur poste, chacun des kaïds prétendit commander seul; il en résulta une querelle qui divisa les Righa en deux soffs et une guerre de longue durée qui mit le bey plus à l'aise.

« Diviser pour régner » était donc la devise des pachas. Puis ils étaient Turcs, c'est-à-dire de la race du « *Padischa*, du roi des rois, du plus grand sultan de l'univers, celui à qui tout obéissait dans le monde ». La conviction des indigènes, à cet égard, au début de notre occupation, était telle qu'ils répétaient couramment que nous n'avions pu venir à Alger qu'avec son autorisation.

Dans leur échelle des diverses religions, les Européens, ou roumis, sont rangés par les musulmans presque au niveau des juifs (Hal-el-Ktoub, gens des livres), c'est-à-dire dans une catégorie inférieure. Notre seul prestige était un renom de valeur guerrière datant de Bonaparte; depuis cette époque, l'expérience leur a enseigné, à leurs dépens, la puissance de nos moyens et les effets de nos armes à tir rapide et à longue portée.

En 1830, ignorant hommes, choses et pays, nous croyions avoir soumis l'Algérie tout entière en expulsant les Turcs. Faute très grave : car nous enlevions au pays les familles riches, influentes, appartenant à l'ancien maghzen, pour garder seulement des marchands, des boutiquiers, individus sans valeur. L'élite de la société avait été embarquée pour l'Asie Mineure et, avec cette élite, les hommes qui avaient connu les grands chefs arabes, la ligne de conduite à suivre avec eux, les populations, le pays, la manière d'y traiter les affaires. Faute capitale : car les Turcs sont fidèles à la foi jurée; ils méprisent les Arabes et auraient tout mis en œuvre pour conserver dans leur patrie d'adoption une position considérée. L'exil, en débarrassant les Arabes, nous privait de nos guides les plus précieux à utiliser pour la conquête.

L'expérience nous a prouvé ce que valaient les Turcs. Quelle troupe plus solide que l'escadron turc de Bône? Quels valeureux soldats que les Kouloughlis de Tlemcen dans la main du maréchal Clauzel et dans celle du futur général Cavaignac!

Débuts de notre conquête.

A l'époque où l'expédition d'Alger fut décidée, l'Algérie était totalement inconnue en France. Tout ce que l'on savait, c'est que les Turcs dominaient des Maures et des Arabes. Hors de là, rien, rien que des préjugés ou de fausses notions. Situation intérieure, ressources du pays, mœurs, constitution sociale, caractère des populations gouvernées, on ignorait tout. Aussi l'état-major du corps expéditionnaire s'imaginait-il que la prise d'Alger entraînerait la conquête de la régence entière.

Il est de principe, pour assurer la transmission du gouvernement d'un pays conquis, que le conquérant respecte, au moins temporairement, l'administration existante, afin d'éviter le désordre et de conserver la tradition et la suite des affaires. Ce principe fut complètement méconnu. Non seulement on ne voulut pas entrer en relation avec les fonctionnaires de l'administration turque, mais on agit avec eux comme s'ils n'avaient jamais existé. Il en est résulté que ces fonctionnaires abandonnèrent leur service sans en faire la remise régulière et emportèrent ou détruisirent registres et documents : en sorte que tout fut à créer dans un pays complètement inconnu.

Cette première faute et l'expulsion des Turcs eurent une fâcheuse influence sur la suite de la conquête. Notre marche, dans ses débuts, fut indécise et sans direction. Nos relations avec les Arabes portaient le cachet de l'ignorance et de l'incertitude : les Arabes nous trompaient, et aussi nos interprètes; les chefs indigènes cherchaient à nous compromettre. Les gouverneurs, qui se succédaient sans ligne de conduite arrêtée, presque sans instructions, faisaient chacun à sa guise.

Cependant, deux modes d'occupation se trouvaient en présence, et, puisque l'armée ne s'était pas retirée après avoir châtié le pacha d'Alger, il fallait se décider nettement pour l'un ou pour l'autre, c'est-à-dire pour l'occupation restreinte à la partie que nous voulions directement dominer, avec le protectorat au delà, ou pour l'occupation complète; mais il fallait l'appliquer résolument, en grand, sans tâtonner, sans tergiverser. Le gouvernement, une fois décidé, ne devait marchander à ses généraux ni les crédits ni les effectifs nécessaires. Malheureusement, on était dans l'incertitude de ce que l'on ferait en Algérie et de l'Algérie; on était sans plan ni idées assises (1). En outre, la marche des choses y subissait trop fréquemment le contre-coup des crises politiques de la métropole.

Il est résulté de toutes ces erreurs des tâtonne-

---

(1) Tant qu'on a pu songer qu'une question aussi vaste, aussi complexe que celle de l'Algérie pouvait se résoudre par une guerre heureuse et, par conséquent, par une force déterminée de l'armée, un espoir quelconque était permis. Mais il aurait fallu pour cela un plan, un système, une seule idée arrêtée au moins; et voilà ce qui manque, malheureusement, et pour l'honneur de la France et pour l'honneur d'une armée réduite, malgré ses qualités, malgré son courage et son dévouement, à un excès de misère que nul, sans doute, en dehors d'elle, ne soupçonne. (*Campagnes d'Afrique*, 1835-1848; lettres adressées au maréchal de Castellane par le colonel Le Flô, 17 mars 1846.)

ments, des changements de système, une instabilité
des volontés qui nous ont fait aboutir par des voies
et moyens beaucoup plus longs et plus difficiles et
surtout extrêmement plus coûteux que si nous
avions eu dès le principe un plan nettement arrêté.

Pour bien saisir le caractère de cette période, il
faut lire les *Annales algériennes*, du commandant
d'état-major Pélissier de Raynaud. On peut dire,
d'après son livre, écrit avec toute la conviction d'un
acteur compétent et dans un style qui rappelle l'antique, que c'était la conquête suivant un procédé joué
« à pile ou face ».

L'occupation restreinte consistait à garder la limite
du Tell par une barrière de baïonnettes.

Nous avons pu juger, avec Abd-el-Kader, à quel
résultat pouvait conduire le protectorat en Algérie.
L'occupation restreinte et le protectorat paraissaient
être, en effet, au moins au début, le système le plus
raisonnable. C'est, du reste, la politique suivie par
les Anglais dans l'Inde ; ce fut aussi celle des Romains, qui imposaient leur alliance et leur protection avant d'imposer leur empire ; enfin, nous
l'avons appliquée récemment avec succès à la Tunisie, après la pacification. Néanmoins, c'est le système contraire qui a prévalu en Algérie, mais,
hâtons-nous de le dire, plus par la force des circonstances et par entraînement que par choix.

« L'occupation restreinte est une chimère, et une
chimère dangereuse », disait, le 15 janvier 1840, le
général Bugeaud à la Chambre des députés.

En effet, pendant la conquête et même jusqu'en
1855 ou 1860, où notre base d'opérations dut être

maintenue solide, ce système aurait imposé des contingents trop considérables pour la métropole. Et comment disposer pratiquement ces contingents, si l'on considère les difficultés qu'ont longtemps présentées l'installation et le ravitaillement des quelques postes jalonnant cette lisière du Tell (1) ? Comment, d'ailleurs, isoler complètement du Tell des populations sans céréales, dépendant de ce Tell par le ventre ? Puissant moyen de rapprochement, auquel il convient d'ajouter des relations étroites d'intérêts et d'affinités et, pour certaines tribus, la même subordination religieuse aux Oulad-Sidi-Cheikh.

Malgré toutes nos précautions, la barrière eût été fréquemment franchie par des partis à peu près certains d'échapper à nos sorties par leur vitesse supérieure d'allure.

D'autres étaient partisans de nous limiter à des relations purement commerciales avec les nomades, en leur ouvrant les marchés du Tell.

Des relations de ce genre, qui prennent le caractère international, supposent un certain degré d'organisation chez les deux contractants, une certaine assiette gouvernementale. L'expérience faite, à ce point de vue, avec Abd-el-Kader, après le traité de la Tafna, n'était pas de nature à nous donner l'idée de la re-

---

(1) « L'établissement des postes de la lisière du Tell obligea d'en avoir d'intermédiaires pour la sûreté des communications, ou plutôt pour le ravitaillement de nos colonnes de marche. » (*Annales algériennes*, t. III, p. 68.)

« Il faut, comme d'habitude, 4 à 5.000 hommes pour nous apporter quelques caisses de biscuits et notre correspondance. » (*Campagnes d'Afrique*, chef de bataillon de Lioux, 25 mai 1841.)

nouveler dans ce vaste chaos que l'on nomme le Sahara (1).

L'occupation complète devait s'opérer par une marche en bataille de 150.000 hommes vers le Sud, avançant prudemment, laissant derrière eux des postes fortifiés reliés par de bons chemins. Ainsi toute la surface du pays laissé en arrière par l'armée eût été tenue par un réseau de stations retranchées et de voies de communication. C'était l'avis du maréchal Bugeaud, qui disait à la Chambre : « Il ne reste, selon moi, que la domination absolue, la conquête et la soumission du pays. Vous y serez chaque jour poussés par les événements. »

Dans la montagne, la conquête eût été rude et longue, mais elle se fût simplifiée dans le Tell et dans le Sud.

Ni l'un ni l'autre de ces systèmes ne prévalut, et la guerre continua sans plan arrêté.

A cette heure-là, dans le camp ennemi, un jeune illuminé de génie, Abd-el-Kader, prend en main la cause religieuse et nationale, et les Arabes de l'Ouest le nomment leur émir. Encore ce titre lui est-il reconnu seulement par un nombre restreint de partisans et par la ville de Mascara, qui, après avoir expulsé les Turcs, s'était, de fait, constituée en répu-

---

(1) « Abd el Kader exécute tant bien que mal le fameux traité, le viole même, quand cela lui plaît, sans trop de façons; nous le laissons faire. » (*Campagnes d'Afrique*, M. Dussert, sous-directeur des affaires civiles d'Oran, 4 avril 1839.)

« Abd el Kader et les agents de son gouvernement observaient fort incomplètement les clauses du traité, qu'ils ne paraissaient pas comprendre de la même manière que nous. (*Annales algériennes*, tome II, p. 235.)

blique. C'est à nous qu'incombe la faute d'avoir étendu et consolidé le pouvoir d'Abd-el-Kader ; car il lui fut tout d'abord très difficile de vaincre les haines et les résistances, de dominer la jalousie des vieux cheikhs, humiliés d'obéir à un adolescent : l'aristocratie indigène de la province d'Oran entrava ses débuts.

Le général Boyer, commandant cette province, y avait inauguré un système de terreur qui lui avait valu le surnom de « Pierre le Cruel ». Il fut remplacé par le général Desmichels, avec mêmes pouvoirs absolus, indépendance du gouverneur d'Alger et correspondance directe avec Paris. Épris d'une belle passion pour Abd-el-Kader, le général Desmichels, traitant avec lui d'égal à égal au nom de la France, le salue officiellement du titre de « Prince des Croyants ». Il n'en fallut point davantage pour fixer les irrésolutions des vieux cheikhs : tous se rangèrent sous la loi de l'émir. Les échecs de la Macta et de l'Habra, éprouvés par le général Trézel, grandirent encore Abd-el-Kader.

Grandeur d'un moment ; car, quelques mois plus tard, les Arabes reviennent si bien de leur enthousiasme en présence des succès du maréchal Clauzel qu'à son approche de Mascara, ils se débandent et fuient, après avoir pillé la capitale de l'émir. Et, le lendemain du jour où le maréchal quittait Mascara en ruines, Abd-el-Kader, ce dieu de la veille, seul et fugitif, campait aux portes de la ville sous un lambeau de tente, comme Marius à Minturnes. Mais, de nouveau, peu après, les Arabes, honteux d'avoir abandonné leur chef, se groupent autour de lui par une de leurs volte-face habituelles, et, derechef, le voilà debout pour la lutte.

En 1836, l'échec que nous éprouvâmes devant Constantine se répandit partout et accrut le nombre de ses partisans.

Survint le général Bugeaud, décidé à combattre à outrance (1); mais, trompé par le juif Ben-Zemach-Drane, dit Ben-Durand (2), qui était dans les intérêts d'Abd-el-Kader, le général se laissa aller à signer le traité de la Tafna, qui élevait celui-ci au rang de sultan. Le général Desmichels, d'abord, et le général Bugeaud, après lui, manquèrent le but et firent de cet émir un antagoniste et non un vassal de la France.

Jusque-là, l'armée avait été aux prises avec d'énormes difficultés; elle avait eu quantité de fautes à réparer. Et, cependant, quel était alors son effectif? Réduit à 17.000 hommes en 1831, ce nombre s'était insensiblement élevé à 40.000 en 1837, et il fut porté à 50.000 quand le duc d'Orléans franchit les Portes de Fer.

Ici, la situation s'aggrave. Le fatal traité de la Tafna pesait sur l'honneur de la France. Il fut violé par l'expédition du prince, et il l'aurait été plus tard

---

(1) Le général Bugeaud arriva à Oran avec une autorité assez vaguement définie, mais qui, par le fait, devait être indépendante de celle du gouverneur général. La mission Bugeaud était ou de combattre l'émir à outrance, ou de faire avec lui une paix définitive et convenable. (*Annales algériennes*, t. II, p. 167.)

(2) « L'émir, par l'intermédiaire de Ben-Durand, s'était joué du général Bugeaud comme d'un conscrit. » (Colonel Pein.)

« Le juif Durand était un agent élastique, qui passait alternativement au service des deux partis. » (*Annales algériennes*, t. II, p. 261.)

par l'émir (1) regardant l'Est avec convoitise : tous voulaient le déchirer; la première occasion fut saisie.

Gouverneur-général en 1840, Bugeaud commença cette course ininterrompue contre un ennemi toujours supérieur à sa fortune, sans cesse abattu et, nouveau Jugurtha, se relevant sans cesse, d'une mobilité presque surnaturelle, disparaissant et renaissant, peu après, de ses défaites, plus fort que jamais, entraînant des tribus incorrigibles, qui, au lendemain de leur châtiment, se préparaient de nouveau à la lutte.

Pendant la grande insurrection de 1845-1846, où l'effectif de l'armée avait été porté à 115.000 hommes, nous eûmes, sur les divers points du théâtre de la guerre, jusqu'à quatorze colonnes, combattant, razziant, ravitaillant nos villes bloquées (2). Et dès cette époque, déjà, on eut l'idée d'employer la population civile à défendre les centres dépourvus momentanément de troupes.

Dans les courts répits laissés par la guerre, le général Bugeaud occupait nos soldats à construire des villages, à ouvrir des voies de communication.

Avec la ruine d'Abd-el-Kader se termina cette rude campagne de sept ans. Mais Bugeaud avait exigé du gouvernement un supplément d'effectif de 35.000 hommes. C'était sage, car il voulait être par-

---

(1) « Abd el Kader reçoit des armes et des secours du Maroc. Il s'approvisionne et attend. Je crois qu'il en viendra, tôt ou tard, à rompre le traité. » (*Campagnes d'Afrique*, M. Dussert, 4 août 1839.)

(2) « Nos troupes et leurs chefs, dans cette chasse à l'émir, déployèrent une activité presque surhumaine..... Il était impossible de faire plus qu'on ne fit dans une circonstance où l'espérance de saisir enfin le grand agitateur de l'Algérie faisait supporter gaîment à nos soldats des fatigues inouïes. » (*Annales algériennes*, t. III, p. 194.)

tout à la fois et, cependant, garder toute ville menacée de blocus, tout poste qui pouvait être attaqué. Mais, avec la prodigieuse et intelligente activité qu'il y a déployée pendant la durée de son commandement, un effectif de troupes moins élevé lui aurait-il suffi? Assurément. L'étude des faits de la conquête et des insurrections démontre que la guerre eût pu se prolonger plus longtemps, mais aurait conduit au même résultat avec un effectif inférieur (1).

En effet, les expéditions de la province de Constantine étaient, en général, indépendantes de l'affaire d'Abd-el-Kader (2). On ne s'occupait pas de l'émir à Tébessa : les Zerdeza n'avaient rien de commun avec lui. L'expédition d'El-Barkani, son khalifa à Médéah, entreprise à l'instigation de Ferhat-ben-Saïd

---

(1) « Personne ne saurait raisonnablement contester les talents militaires de M. le maréchal Bugeaud..... Mais il ne faut pas perdre de vue que les ressources immenses que le gouvernement mit constamment à sa disposition étaient de nature, *tant elles étaient au-dessus des obstacles*, à assurer des succès qui, au bout du compte, n'ont rien eu de bien prompt ni de fort étourdissant. Je suis persuadé que tous les hommes qui ont commandé en Afrique, à l'exception d'un seul peut-être, auraient obtenu, à peu de chose près, les mêmes résultats s'ils eussent eu les mêmes moyens d'action. Mais le gouvernement fut presque toujours aussi parcimonieux qu'il se montra prodigue envers le maréchal Bugeaud. » (*Annales algériennes*, t. III, p. 295.)

« Il est arrivé ce qui devait arriver. La guerre, conduite avec toute l'activité que peuvent donner les énormes moyens mis à la disposition des gens, a amené une pacification provisoire, comme elle l'eût amenée avec M. le maréchal Clauzel dans le temps, si M. le maréchal Clauzel eût eu les mêmes ressources et n'eût pas été acculé à la nécessité de faire tout avec peu ou avec rien. Il est juste aussi, peut-être, de dire que M. le maréchal Bugeaud a déployé dans tout cela une activité réelle. » (*Campagnes d'Afrique*, M. Dussert, 14 février 1845.)

(2) « Quant à Abd el Kader, il était à peine connu dans la province de Constantine, où il n'avait jamais mis les pieds. » (Général du Barail, *Mes Souvenirs*, t. I, p. 179.)

et qui aboutit à la prise de Biskra, avait tout uniment pour but de porter le dernier coup à un ennemi personnel, l'ex-bey de Constantine, Ahmed. Quand le général Baraguey d'Hilliers se porta chez les Chaouïas de l'Aurès, ceux-ci n'avaient pas embrassé la cause d'Abd-el-Kader, car ils donnaient asile à son ennemi, le bey Ahmed. Seuls, Si Hamed-bel-Hadj et Ben-abd-es-Salem-et-Tobal s'intitulaient ses lieutenants. Le premier, renfermé avec des Asker dans la kasbah de Biskra, recevait des gens des Ziban quelques vagues témoignages de sympathie; mais, s'il avait eu besoin d'un concours effectif, il n'aurait pas réussi à entraîner ces tribus à la guerre. Le second, Ben-abd-es-Salem, avait contre lui la moitié des tribus de la Medjana et du Hodna, formant le soff d'Ahmed-ben-Mohammed-el-Mokrani, notre futur khalifa. Aussi, le général de Négrier était-il parvenu sans encombre jusqu'à Msila; et Ben-Salem, le khalifa de l'émir dans le Hamza, n'avait pu songer à nous inquiéter, car il était sans influence sérieuse sur les Kabyles.

Ainsi, la province de Constantine échappait à la puissance d'Abd-el-Kader (1). L'accueil fait à sa per-

---

(1) « Aucune partie de l'Algérie n'avait été aussi facile à dominer que la province de Constantine. Depuis la prise de cette ville, nous n'avons rencontré nulle part de résistance vraiment sérieuse. » (*Annales algériennes*, t. III, p. 115.)

« Les tribus de l'Ouest ne ressemblent pas à celles de l'Est; celles-ci sont assouplies dès longtemps à la civilisation européenne; les Arabes de la province d'Oran, au contraire, ont plus de fanatisme et une plus grande répulsion pour nous. Les souvenirs de l'occupation espagnole ne datent pas de si loin; or, à cette époque, l'inquisition siégeait à Oran; on faisait aux indigènes une guerre religieuse et de conversion. L'Arabe pris devenait catholique ou était brûlé comme infidèle. » (*Campagnes d'Afrique*, M. Dussert, 4 août 1839.)

sonne même par les Berbères de la Kabylie ne fut ni unanime, ni brillant.

L'insurrection, ou plus exactement l'insoumission, dans la province de Constantine, était donc localisée au pays montagneux chaouïa; elle n'était nullement entretenue par l'émir. Les indigènes gardaient leur situation primitive; ils ne gênaient pas notre circulation dans la plaine et se bornaient à refuser l'impôt.

Cette situation avait permis au maréchal Bugeaud de faire garder tous les centres de la province par la milice, adjointe à quelques compagnies, et de concentrer toutes ses forces dans les provinces d'Alger et d'Oran.

Débarrassé de l'émir, il revenait avec ses colonnes sur la province de Constantine, où il accomplissait en une campagne ce que ses lieutenants ont fait en six ans (1).

Abd-el-Kader ne pouvait rien dans l'Est; toute sa puissance était dans l'Ouest, et sa chute devait entraîner inévitablement celle de ses khalifas dépourvus d'influence.

Abd-el-Kader était dans l'impuissance de résister au système d'attaques incessantes et multipliées du maréchal Bugeaud, eût-il même été appliqué avec plus de lenteur et moins d'énergie; tôt ou tard, les tribus devaient se dégoûter de la situation. Pressurées

---

(1) « Le maréchal Bugeaud, que son organisation rendait avide de mouvement, n'avait jamais laissé échapper la moindre occasion d'entrer lui-même en campagne, quoique, dans maintes circonstances, il eût pu laisser, sans inconvénient, à ses lieutenants la conduite de certaines expéditions dont l'importance était loin d'exiger la coopération directe d'un personnage aussi haut placé, tant par sa dignité que par ses incontestables talents. » (*Annales algériennes*, t. III, p. 225.)

par un homme qui, en fuyant devant nous, les aban-
donnait à notre vengeance; harcelées sans trève,
pillées, razziées, incendiées, elles ne pouvaient vivre
toujours une si affreuse existence; l'heure n'aurait
pas tardé à sonner où les Arabes, fatigués de misère
et convaincus enfin que les divagations fanatiques
sont de pauvres armes contre la réalité matérielle de
bons bataillons, auraient, sourds enfin à sa voix,
laissé Abd-el-Kader finir fatalement comme ont fini
tous les autres chérifs.

De l'effectif des troupes d'Afrique et du rôle du 19ᵉ corps à la mobilisation.

Le système du maréchal Bugeaud était parfait, par
suite des renforts reçus qui le rendaient applicable :
frapper fort et partout à la fois, c'est la bonne politique. Mais — les considérations précédentes le démontrent — avec moins de troupes, le maréchal aurait
obtenu le même résultat; seulement, la campagne se
serait prolongée. Un tel effectif suffisait bien au delà
pour lutter avantageusement contre Abd-el-Kader,
cet instigateur de révoltes sur les deux tiers du territoire. Il convient, dès lors, de se dèmander si, aujourd'hui, un pareil effectif n'est pas exagéré, quand
il est entretenu en prévision d'insurrections devenues
rares et localisées.

Menacés perpétuellement d'une guerre continentale dont l'heure est imprévue, notre intérêt national
nous oblige à garder sur nos frontières des forces au

moins égales aux forces de nos voisins, afin de parer à la foudroyante rapidité de leurs premières opérations (1).

Or, pour satisfaire à cette nécessité, la stagnation de la population de la France nous oblige à faire appel aux effectifs de l'intérieur, où nos unités sont ainsi amoindries, au grand détriment de l'instruction.

Pour aider à parer à ces fâcheuses conséquences de notre infériorité numérique, la réduction du 19e corps d'armée a été proposée.

Cette proposition est-elle acceptable, et nos troupes d'Algérie et de Tunisie, réduites au profit de nos frontières continentales, pourront-elles faire face, avec chance du succès, aux attaques de l'extérieur comme aux soulèvements de l'intérieur? Nous le croyons possible, mais à certaines conditions.

Les attaques contre nos frontières maritimes venant du large doivent être repoussées par la marine. Chaque port, chaque centre stratégique, chaque point du littoral, pouvant servir d'objectif à l'ennemi, étant à toute heure sous le coup d'une attaque soudaine, doit avoir sa défensive propre, assurant, par un concours d'éléments spéciaux : torpilles, torpilleurs, batteries de côtes, etc., une résistance locale assez

---

(1) Défalcation faite de l'armée d'Afrique et de la gendarmerie, nos forces actives disponibles sur nos frontières terrestres au premier jour de la mobilisation sont, dès à présent, de 85.000 hommes inférieures à celles de l'Allemagne. Après le renouvellement du quinquennat militaire, la supériorité allemande sera de près de 120.000 hommes. Et encore, pour masquer cet écart fatal, forçons-nous artificiellement les effectifs de paix en incorporant des milliers de malingres et de chétifs, qui constituent pour l'armée un poids mort.

prolongée pour permettre aux autres éléments de la défense générale, les navires de combat, d'accourir. Sur ces frontières, le rôle de l'armée de terre sera limité à s'opposer aux tentatives de débarquement. Cette tâche est singulièrement facilitée par la nature des côtes, l'existence de bourrelets montagneux littoraux à peu près ininterrompus, l'établissement facile d'un service sémaphorique et l'utilisation de la ligne ferrée parallèle à la côte Oran-Alger-Tunis qui, après quelques travaux et quelques rectifications augmentant sa capacité de transport, permettra de déplacer rapidement de gros effectifs.

D'ailleurs, pour que, avec une occupation suffisante du pays, une tentative de débarquement réussisse et produise des résultats, il faut que l'agresseur se soit préalablement concerté avec les indigènes et se soit assuré que leur soulèvement concordera avec son débarquement (1). Or, jamais un ennemi débarquant n'obtiendra, de la part des indigènes, une action simultanée et complète. Des tribus entières, entraînées par des chefs ayant vécu sous nos lois, ayant combattu sous nos drapeaux, ayant appris à nous connaître et à nous apprécier, se rangeraient sous les ordres de nos officiers, pour lutter contre *tout envahisseur qui ne sera point « musulman »*. Car, Roumis pour Roumis, les Français sont préférés par

---

(1) Il importe au plus haut degré de couper court aux agissements des méthodistes anglais qui parcourent sans cesse le Tell algérien et le Tell tunisien et surtout les Kabylies. Sous couleur de philanthropie et de prosélytisme, ces missionnaires se livrent, non sans succès, à une propagande antifrançaise extrêmement active que l'on peut considérer, à juste titre, comme une des manœuvres les plus dangereuses contre notre domination.

les Arabes et les Kabyles. Quels que soient les avantages promis, ces derniers ne violeront pas la foi jurée *au profit d'un autre « infidèle »*.

Dès juillet 1870, les troupes transportées sur le Rhin avaient laissé la colonie presque sans défenseurs. Les indigènes, malgré nos désastres, furent maintenus dans le devoir par le seul prestige de nos officiers des affaires arabes et la loyauté de quelques grands chefs. Ils se soulevèrent seulement en février 1871 (1), écœurés par notre anarchie complète, les passions et l'appétit insatiable de nos politiciens algériens et surtout par la naturalisation imprévue et désastreuse de tous les juifs en masse.

Les nombreux Italiens résidant en Tunisie offrent-ils par eux-mêmes, comme on le répète souvent, un grave danger en cas de guerre? Nous ne le pensons pas. Ils comploteront entre eux, mais ils ne convertiront pas à leurs idées les populations mâles et vigoureuses de l'intérieur, les seules à craindre; ils recruteront peut-être des Maures du Tell, acolytes efféminés, poltrons et fourbes, incapables d'agir par eux-mêmes. La déclaration de l'état de siège, la remise de la police aux mains de l'autorité militaire,

---

(1) En 1871, le chef de la famille des Mokranis, qui, depuis 1840, n'avait cessé d'être fidèle à la France, était bach-agha de la Medjana, officier de la Légion d'honneur.

Au mois de mars 1871, El-Mokrani envoyait au gouverneur général sa démission, la motivant sur l'établissement du régime civil et la naturalisation accordée aux juifs au détriment des Kabyles et des Arabes. Dans une lettre pleine de dignité et d'honneur, il déclarait qu'il n'avait pas voulu faire la guerre à la France tant que celle-ci était aux prises avec l'Allemagne, mais que, désormais, la paix étant faite, il reprenait sa liberté d'action. A la lettre étaient joints les insignes de la Légion d'honneur, qu'il envoyait au gouverneur. Quelques jours après, toute la Grande Kabylie était en feu.

l'établissement de conseils de guerre et l'exécution immédiate des jugements, sont des mesures nécessaires et efficaces pour arrêter toute tentative de complot. Ces mesures s'imposent et doivent être immédiates pour assurer la sécurité de la colonie.

Par contre, nous considérons comme un véritable danger au point de vue maritime les nombreux pêcheurs italiens répandus sur nos côtes algériennes et qui se font naturaliser Français — Dieu sait avec quelle facilité ! — pour les besoins de leur industrie. Ces futurs pilotes des flottes ennemies portent d'un côté leur livret militaire italien, de l'autre leur livret de naturalisation française. Du reste, la pêche finie, ils s'en retournent en Italie pour y jouir de leurs bénéfices.

M. Cambon avait si bien l'intuition du péril qu'il avait installé, à grands frais, des villages de pêcheurs français. Malheureusement, aujourd'hui, les pêcheurs français ont à peu près disparu, tandis que les pêcheurs italiens ont décuplé.

En cas d'insurrection dans le Sud et sur la frontière du Maroc, la lutte se présentera dans les conditions habituelles, et elle nous sera favorable si l'on ne commet point la faute de dégarnir brusquement nos postes pour les besoins de la mère-patrie.

Les Anglais, dans les Indes, gardent 200 millions de sujets avec un peu plus de 50.000 hommes de troupe de la métropole; chez nous, le contingent nécessaire à la défense de l'Algérie en temps d'insurrection était, jadis, évalué à 70.000 hommes pour faire face à toutes les éventualités. Mais nous ne disposions alors ni d'un armement perfectionné, ni de réserves algériennes (1). Lourde charge à l'heure d'une guerre européenne où se jouerait l'existence de notre pays! Aussi la mobilisation prévoit-elle le transport en France d'une bonne partie du 19ᵉ corps et son remplacement par des troupes de réserve.

Il y a toutes les raisons pour renoncer à cette combinaison.

A chacune de nos guerres, nous avons commis la faute d'enlever à la colonie tout ou partie de nos troupes, comme si elle était un pays de simple garnison. Nous disions ainsi nos embarras extérieurs, ravivions les espérances du vaincu et l'encouragions à se soulever pour profiter de la faiblesse que nous avouions. L'histoire le démontre, et nous oublions ses leçons réitérées! Sans remonter à 1845, des révoltes se sont produites pendant la guerre d'Italie. Les Oulad-Sidi-Cheikh, en 1864, n'auraient jamais osé préparer un soulèvement si la plus grande partie des vieilles troupes d'Afrique n'avaient été envoyées au Mexique. La formidable insurrection de 1871 est le résultat du départ des troupes pour la France en 1870. Enfin, en 1881, la révolte de Bou-Amama a suivi immédiatement l'embarquement des troupes pour la Tunisie.

Ce transport du 19ᵉ corps pourra-t-il, d'ailleurs, s'effectuer avec les alliances actuelles qui groupent les puissances européennes et les forces navales dont

---

(1) « Le puissant concours que devront nous fournir plus tard les milices africaines permettra au gouvernement de diminuer considérablement l'effectif des troupes proprement dites. » (*Campagnes d'Afrique*, général de Lamoricière, 30 janvier 1846.)

disposent quelques-unes d'entre elles dans la Méditerranée (1)?

Au jour de la mobilisation, la marine aura à satisfaire à des exigences multiples : organiser la défense
du littoral de la métropole et du littoral de l'Algérie;
mobiliser son personnel et ses escadres, etc. Et, dès le
lendemain, sa tâche active devra commencer, très
complexe. Elle devra, à la fois, protéger efficacement
les côtes méridionales de la métropole, celles de la
Corse et de l'Algérie-Tunisie, prendre peut-être l'offensive pour dominer la mer et maintenir libres nos
communications avec nos possessions africaines,
et peut-être opérer contre le littoral de l'ennemi les
attaques qui seraient de nature à affaiblir celui-ci, etc.

Pendant ce temps, les escadres ennemies se seront
probablement déjà présentées devant nos ports, et il
aura fallu repousser leurs attaques. Comment, au
milieu des périls et des bouleversements de la première
heure, armer et réunir les navires nécessaires, embarquer et convoyer jusqu'à Marseille tout un corps
d'armée?

D'ailleurs, ces embarras de notre marine sont prévus par nos adversaires probables. Ils se concentre-
ront inévitablement à portée de nos ports d'embarquement, les surveilleront et, à l'improviste, attaque-
ront nos convois : opérations faciles dans ce bassin si
restreint de la Méditerranée occidentale (2).

---

(1) Voir pages 30 et 31.
(2) « Dans son livre sur la marine, M. Lockroy, parlant de ce rapa-
triement au moment de la guerre, dit qu'une telle entreprise serait
pire qu'une folie : ce serait un crime.
» L'amiral Fournier, au contraire, semble admettre, dans son livre

Les accidents de mer doivent être prévus froidement; il faut savoir d'avance à quels malheurs et à
quels dangers la flotte de transport et la flotte d'escorte
se trouveront exposées.

Un échec est-il subi par les escadres d'escorte, les
transports chargés de troupes seront enlevés ou
coulés. Ce désastre aura les plus graves conséquences : il en résultera un découragement moral
dont l'écho se répercutera jusqu'aux Vosges. Nous
aurons perdu une bonne partie de notre flotte et la
libre navigation en Méditerranée; nos communications avec l'Afrique seront interrompues pour le reste
de la campagne; nos colonies auront été privées de
leurs défenseurs, et la métropole ne pourra les remplacer. L'Algérie et la Tunisie tomberont aux mains
du premier envahisseur.

Mais ce ne sont pas là les seuls périls auxquels
exposerait le transport en France du 19e corps.

Pendant l'insurrection de 1871, nos troupes de
deuxième ligne ont été notoirement insuffisantes.

---

sur la *Flotte nécessaire,* que nous aurons à envoyer d'Afrique en
France de nombreuses troupes au moment de la mobilisation, tout en
déclarant que ce serait offrir là aux Italiens une occasion favorable
« dont ils chercheraient sans doute à tirer profit en se concentrant
» à portée des ports d'embarquement de notre colonie pour se jeter
» sur ces convois avec toutes les chances possibles de les détruire, si,
» après les avoir observés et suivis le jour, ils les attaquaient de nuit
» avec une nombreuse flottille de torpilleurs et de grands bâtiments
» rapides ».
» L'amiral Fournier ne se fait donc aucune illusion sur les difficultés
de ces transports du 19e corps; mais, d'après nous, c'est M. Lockroy
qui donne ici la note juste en qualifiant une telle entreprise de folie.
Pour l'exécuter, en supposant même qu'on pût rassembler facilement
les navires nécessaires, il faudrait être maître absolu de la mer. Au-
rons-nous jamais la certitude d'avoir purgé la Méditerranée de tous les
torpilleurs italiens? » (*La Marine dans les guerres modernes.*)

Nos corps de réserve ne seraient guère meilleurs si
le fonds du 19ᵉ corps était enlevé à la colonie; car, s'ils
ne laissent rien à désirer sous le rapport de la bravoure et de l'esprit de sacrifice, ils ont une valeur
médiocre au point de vue de la cohésion et de la résistance. Il serait dangereux de les lancer dès les premiers jours contre le Kabyle ou l'Arabe, ces adversaires entreprenants, actifs et subtils.

La guerre d'Afrique est une guerre d'un caractère
particulier : stratégie, tactique, éducation des officiers
et des soldats, hygiène, équipement, ravitaillement,
tout diffère de la guerre d'Europe ou doit être ap-
proprié aux circonstances. Un officier, même du
cadre actif, venant de France, imbu d'idées de guerre
méthodique peu applicables au pays, n'est pas apte à
commander une expédition en Algérie. Peu de guerres
exigent du chef plus de connaissance du pays, une
idée plus précise des mœurs, des habitudes et de l'organisation de l'adversaire, une intelligence plus complète de ses procédés de combat. Toutes ces notions
sont indispensables; les officiers de nos corps de
réserve venus de France ne peuvent les posséder (1).

----

(1) « Vétérans des champs de bataille de l'Europe, rompus aux manœuvres de la grande guerre, nos généraux se désespéraient, en face
de ces opérations, qui déroutaient leurs traditions, qui s'accomplis-
saient sous un ciel de feu, au milieu d'ennemis insaisissables, toujours
invisibles et toujours présents, dans un pays sans ressources, sans
abri pour les blessés et les éclopés, sans lignes de retraite, sans centres de ravitaillement, à travers lequel il fallait emporter avec soi
jusqu'à l'eau des marmites, jusqu'au bois pour la faire bouillir, dans
des convois immenses qui rendaient impossible tout mouvement stratégique rapide. » (Général du Barail, *Mes Souvenirs*, t. I, p. 106.)

« Il y a déjà longtemps que l'on envoie ici des généraux qui viennent
étudier leur métier aux dépens des troupes. L'on devrait bien renoncer
à ce système et mettre à la tête de l'armée d'Afrique des hommes qui

Au surplus, il faut un certain entraînement, une certaine préparation à la rude vie d'Afrique ; impossible d'y jeter brusquement même des hommes faits, s'ils ont été arrachés de la veille au confort de la vie d'Europe.

Si cette idée dangereuse d'utiliser en France une partie du 19e corps est abandonnée, il nous semble possible, avec certaines précautions, de réduire l'effectif des troupes d'occupation dans une proportion qui n'est pas à dédaigner. Notre appréciation se fonde sur l'opinion du colonel Pein, sur ce que nous avons vu par nous-même en Afrique, sur l'étude approfondie que nous avons faite du pays, des populations et des faits de la conquête.

L'insurrection algérienne. — Ses causes principales, son explosion, sa durée.

L'Algérie est peu connue en France, dit-on souvent. Cette assertion tend de jour en jour à diminuer de valeur. Cependant, l'âme des vaincus, les causes et les manifestations de leurs révoltes restent encore cachées au plus grand nombre.

Tout peuple qu'un autre cherche à subjuguer, se défend s'il a quelque vitalité : c'est son droit, *c'est même son honneur*; c'est de bonne guerre. Plus tard, en passant de l'état de luttes ouvertes au silence forcé,

---

n'eussent rien à apprendre et qui tournassent, au contraire, leurs talents et leur expérience vers le bien-être de cette armée. » (*Campagnes d'Afrique*, chef de bataillon Forey, 1er août 1841.)

il ne désarme pas du cœur comme de la main; il nourrit le secret désir de la vengeance. Là est le germe de l'insurrection. La persévérance seule de plusieurs générations permet l'espoir de l'étouffer.

Croyant sincère et convaincu, l'indigène, l'Arabe surtout, est très accessible aux influences religieuses. Son impressionnabilité le dispose à tout sacrifier à une condescendance aveugle, enthousiaste et fanatique pour un marabout prêchant la guerre sainte. Un « Mahedi » messie est promis : toutes les aspirations se tournent vers lui. Les défaites éprouvées par les nombreux « chérifs » que nous avons combattus et vaincus n'ont nullement affaibli cette croyance. « Dieu l'a voulu! » se contentaient de dire leurs coreligionnaires. « Ce n'était pas encore lui qu'il avait désigné pour le triomphe de l'Islam. » Chaque fois qu'un prétendu envoyé de Dieu se présentera, chaque fois il y aura de nouveaux combats.

Une autre cause d'insurrection réside dans la mobilité de caractère et l'esprit de désordre. L'Arabe est, par excellence, l'homme du désordre; il parle et agit toujours sous l'impression du premier moment. De là une contradiction constante avec sa résolution de la veille : il a vu blanc hier, il voit noir aujourd'hui, sans s'inquiéter le moins du monde de l'opinion; ce qu'en pensera et dira autrui est le moindre de ses soucis.

Impossible de s'arrêter une minute à cette calomnie tant répétée par une presse hostile à l'armée : « l'autorité prépare ou laisse faire les insurrections ». Cette tactique déloyale déplaçait les responsabilités, faussait l'opinion, dissimulait les véritables erreurs commises et nous éloignait davantage encore des indigènes.

Avec nos idées d'assimilation, nous n'avons point voulu reconnaître la nécessité d'une transition bien marquée pour élever, si possible, la race conquise au degré de notre civilisation. Au lieu de demander à la malléabilité de notre race les sacrifices qu'elle aurait pu consentir pour amener progressivement à nous les indigènes, nous avons voulu, pour leur bien pensions-nous, leur donner des lois semblables aux nôtres, qui sont la résultante de notre genre de vie, de notre « état social ». Ces lois ont été nuisibles ; elles ont aggravé leur situation (1). L'histoire, cependant, nous laissait l'exemple des Romains qui, en s'assimilant la langue, les mœurs et même la religion des vaincus, surent si bien les soumettre à leur domination que tous, Gaulois, Ibères, Numides, etc., s'enorgueillissaient du titre de *civis romanus*. Les Russes réussissent en Asie par les mêmes procédés.

L'intérêt de la colonisation exigeait que nous prissions aux indigènes, sous une forme ou sous une autre, une partie de leurs terres pour les donner aux immigrants. Mais ces immigrants avaient hâte d'ab-

---

(1) « L'erreur fondamentale, c'est d'avoir voulu, bon gré mal gré, voir dans l'Algérie autre chose qu'une colonie. L'Algérie est une terre française, répétait-on, c'est une France d'outre-mer, c'est « le prolongement de la France ». On prit au pied de la lettre cette patriotique métaphore. On en conclut qu'il fallait y porter nos codes et nos magistrats, notre procédure et nos hommes de loi, nos habitudes administratives et nos lois municipales, comme nous y avions déjà installé nos préfets et nos sous-préfets. Cela paraissait logique et sûr, et simple comme l'œuf de Christophe Colomb. Et la génération qui accomplit cette tâche crut avoir assis sur le roc l'avenir de cette France d'outre-mer. » (Jules Ferry, *Rapport sur la question algérienne*, octobre 1892.)

sorber le plus tôt possible les vaincus, au lieu de chercher, de concert avec l'armée, à les conquérir moralement.

J'admire le cynisme avec lequel les amis de la colonie prêchent la confiscation et la facilité avec laquelle le gouvernement l'établit. Expulsez les Arabes, dit-on à l'administration ; dépêchez-vous de nous donner des terres ! Et l'administration fait de son mieux pour satisfaire ces appétits (1).

L'autorité militaire — et ce sera son éternel honneur — s'est toujours opposée, dans la limite du possible, à cette absorption de l'indigène par le colon (2). Sans mettre en lumière le dévouement remarquable de plusieurs tribus du Tell, les populations indigènes de cette région sont certainement les plus soumises de l'Algérie ; toutes ces tribus sont ruinées par l'expropriation et le morcellement des terres au profit de la colonisation, qui ne leur permet plus d'élever du bétail. Au contraire, les tribus du Sud hésitent davantage à rester fidèles, leur soumission est plus douteuse ;

---

(1) Journal *le Tell* (12 juillet 1872).

(2) « Il est aussi un moyen puissant d'assimilation: c'est la sociabilité dont est douée la nation française à un plus haut degré que les autres nations de l'Europe. Mais ce qui étonnera le lecteur, c'est que c'est l'armée seule qui l'a mise en pratique. Après avoir vaincu les indigènes, jamais elle ne les a spoliés ni humiliés : elle les a admis dans son sein et dans ses honneurs, d'abord contre les tribus insoumises, ensuite dans les guerres de Crimée, de Chine, d'Italie, du Mexique et contre la Prusse ; et ils ont toujours fait vaillamment leur devoir, sans jamais murmurer contre les rigueurs de la discipline, parce qu'ils comprennent les idées qui leur imposaient l'obéissance et le respect à l'autorité.

....

» Quoique ce genre d'assimilation militaire ne soit pas du goût des doctrinaires de la colonisation, il n'est point à dédaigner, *en ce qu'il a désarmé contre nous une bonne partie des indigènes.* » (*Situation de l'Algérie depuis le 4 septembre* 1870, Alger 1876.)

et cependant leur richesse en troupeaux se maintient
et même s'augmente, car elles ont été débarrassées
par nous de la concurrence du Tell. Ainsi a été atteint
le résultat opposé à nos vues et à nos intérêts : la
partie de la population indigène qui nous a été un
auxiliaire précieux a été plongée dans la misère, alors
que, par notre faute, ont été enrichies les tribus du
petit Sahara, qui ont été, sont et resteront la véritable
armée de l'insurrection.

Dans son immense empire de l'Asie centrale, la
Russie n'a jamais eu de répression à exercer sur ses
sujets musulmans, même en pleine guerre turco-
russe : 45.000 hommes, disséminés par petits postes
sur une vaste superficie au milieu de tribus nomades
et belliqueuses, suffisent au maintien de l'ordre.

Mais, dit M. de Vogüé (1), les Russes ont pour principe con-
stant de rendre légère, presque insensible pour le vaincu, la
transition à une civilisation supérieure. Les délégués du tsar
ne s'avancent pas chez ses nouveaux sujets un code européen
dans une main, une feuille d'impôt dans l'autre. On laisse à
l'indigène ses lois religieuses et civiles, ses magistrats, son
organisation ; on l'impose à peine. Le Turcoman paye un rouble
et demi (six francs environ) par tète, là où le colon russe établi
à côté de lui paye plus de huit roubles. Il ne voit guère la race
maîtresse que sous l'uniforme ; l'autorité ne se manifeste à lui
que sous l'appareil militaire, le seul qu'il comprenne et respecte.
Le gouvernement fait rebâtir les mosquées, il traite avec égard
les mollah et convoque leurs chefs au Kremlin, aux cérémonies
impériales, d'où ils s'en retournent comblés de prévenances. »

Ce programme n'a malheureusement pas été le nôtre
en Algérie. Non seulement, par ignorance de leurs
mœurs et de leurs habitudes, nous blessions journel-

_____

(1) Annexion de Merw à la Russie. (*Revue des Deux-Mondes*, 1er mars
1884.)

lement les indigènes, ces âmes fières qui demandent à être ménagées (1), mais encore nous nous immiscions dans leurs affaires intérieures. Les traitant comme nos propres populations, nous les avons recensés, administrés dans les plus petits détails (2), et, grâce à un

---

(1) « Il était intéressant d'observer, à trente années de la conquête, l'état d'esprit du colon européen vis-à-vis du peuple conquis.

....

» Il n'a pas ce qu'on peut appeler la vertu du vainqueur, l'équité de l'esprit et du cœur, et ce sentiment du droit des faibles qui n'est nullement incompatible avec la fermeté du commandement. Il est difficile de faire entendre au colon européen qu'il existe d'autres droits que les siens en pays arabe et que l'indigène n'est pas une race taillable et corvéable à merci.

....

» L'Arabe n'est pas un esclave qu'on mène par le bâton. L'Européen, qui ne peut se passer de sa main-d'œuvre, la paye au prix débattu. Mais, si la violence n'est pas dans les actes, elle est dans le langage et dans les sentiments. On sent qu'il gronde encore, au fond des cœurs, un flot mal apaisé de rancune, de dédain et de crainte. Bien rares sont les colons pénétrés de la mission éducatrice et civilisatrice qui appartient à la race supérieure ; plus rares encore sont ceux qui croient à une amélioration possible de la race vaincue. Ils la proclament à l'envi incorrigible et non éducable, sans avoir jamais rien tenté cependant, depuis trente années, pour l'arracher à sa misère morale et intellectuelle.

....

» Les colons n'ont pas de vues générales sur la conduite à tenir avec les indigènes. Ils ne comprennent guère, vis-à-vis de ces trois millions d'hommes, d'autre politique que la compression. On ne songe pas, sans doute, à les détruire ; on se défend même de vouloir les refouler, mais on ne se soucie ni de leurs plaintes, ni de leur nombre qui semble s'accroître avec leur pauvreté. On a le sentiment d'un péril possible, mais on ne prend aucune mesure pour le conjurer.

....

» A leurs yeux (des indigènes), la France est la force ; il faut surtout désormais qu'elle soit la justice. » (Jules Ferry, *Rapport sur la question algérienne.*)

(2) Un défaut grave et remarquable de l'administration française est une tendance irréfléchie à tout réglementer. On ne comprend pas quel avantage elle peut avoir à se lier les mains par des règlements qui gênent sa liberté d'action et *qu'elle est presque toujours obligée de violer.* Il faut sans doute, pour gouverner, avoir quelques principes fixes et un plan de conduite arrêté dans son ensemble ; mais quelle nécessité y a-t-il à s'enchaîner par des engagements de détail ? Les

immense appareil de vexations et d'inévitable arbitraire, nous les avons indisposés contre nous. En ruinant l'indigène du Tell, nous lui avons fait connaître les bienfaits de la civilisation seulement dans les discours officiels. Paroles creuses, hélas, même ironiques ! Il ne s'y est pas trompé. Et ces tribus, dont les membres sont trop souvent blessés dans leurs sentiments intimes, ces tribus, dépossédées les unes de leurs biens, les autres de leur indépendance, subissent la haine au cœur la loi de la force et ne nous pardonnent pas de les avoir arrachées à un ordre de choses où elles vivaient heureuses, pour les soumettre à un régime qui leur impose le travail, la subordination et toutes les complications de nos institutions administratives.

Comment ne pas prévoir des protestations, des soulèvements, des représailles, lorsque, sous les apparences de la paix, la révolte reste à l'état latent ? Voilà les raisons qui nous obligent à une organisation puissante contre les éventualités de péril toujours incessant.

Mobiles par tempérament, mais soumis tant que dure le souvenir de la défaite et de la répression, les

---

Anglais, par un système contraire, sont infiniment mieux servis que nous en tout et partout.

» Cette grande diversité d'agents et de fonctionnaires ne vaut rien en Algérie, où il serait à désirer que tout eût une allure rapide et simple. Malheureusement, les colonies se formant à l'instar des métropoles, tout ce qui existe dans les unes ne tarde pas à avoir sa contrefaçon dans les autres. Ceci explique pourquoi les colonies françaises ont rarement prospéré, la France ayant toujours été un pays à administration compliquée et lente. On dirait que la Providence, qui l'a si richement dotée sous tant de rapports, lui a imposé cette dure loi pour qu'elle ne prît pas un essor dangereux pour l'indépendance des autres États. » (*Annales algériennes*, t. III, p. 346.)

Arabes reviennent vite à espérer le succès dans une lutte nouvelle si les traces des sacrifices endurés ont disparu. L'orgueil de race, le besoin de mouvement, la lassitude dans le bien-être sont autant de causes qui les poussent à tenter de nouveau le sort des armes pour recouvrer leur indépendance, c'est-à-dire le règne de la violence et de l'anarchie.

Au surplus, la révolte et la lutte sont ici de tradition invétérée; et c'est une raison de plus pour pardonner au peuple conquis des tressaillements sans doute irritants et même fort gênants, mais qui trouvent leur excuse dans l'amour de l'indépendance et le patriotisme.

L'indigène, c'est l'insurrection incarnée; elle est un devoir quand il obéit à la voix d'un chérif appelé à restaurer la religion, une spéculation quand il entrevoit la razzia; elle est toujours un plaisir, car elle conduit à l'ivresse de la poudre. Mais s'est-il suffisamment plongé dans les délices de la révolte, il ne tarde pas à s'en dégoûter. Sa tête fait volte-face; et qui le prend à ce moment-là en fait ce qu'il veut. Il devient si rampant avec son « *chériat en nebi* » (justice du Prophète), qu'il est difficile de reconnaître en lui le guerrier fier et insolent qui vous défiait un instant auparavant. C'est que l'Arabe n'a que cette bravoure de passion qu'Homère a poétisée, sans avoir le sentiment du devoir; c'est-à-dire qu'il ne sait pas combattre la peur : il se bat tant que la passion l'anime et fuit sans honte (1) lorsque la crainte devient la plus

---

(1) La fuite n'est nullement déshonorante aux yeux des Arabes. quoiqu'ils tiennent le courage en très grande estime. Les deux proverbes suivants fixeront le lecteur :

« *Li mennaou, keraou, ki li mennaou deraou.* » — « Celui qui a

forte. Toujours on le trouve le même. Il en est ainsi d'ailleurs de tous les peuples : les Gaulois de nos jours ont gardé le caractère décrit par César.

Un fait, singulier au premier abord, ressort de l'histoire des insurrections algériennes, c'est qu'elles ont toujours été provoquées par une poignée d'individus qui, arrivant inopinément au milieu des tribus, les ont entraînées peu à peu malgré leurs hésitations.

La révolte prélude d'ordinaire par une petite insurrection, toute de circonstance, une insurrection pacifique pour ainsi dire. C'est la *nefra*, c'est-à-dire la panique dans un marché ; *nefra* calculée, car les *nefras* fortuites sont très rares.

Deux Arabes lorgnent une peau de bouc d'huile ou une *messouda* de beau blé, qu'ils veulent enlever sans payer. Nos deux gaillards font semblant de se disputer, ils se battent. Les voisins sont renversés, les marchandises bousculées, les tentes abattues ; on crie, on hurle ; c'est un affreux sauve-qui-peut général. En un clin d'œil, le marché est balayé. Marchandises, denrées, tentes, tout a disparu, enlevé même souvent par des parents ou des amis ; c'est une razzia de famille.

Les insurrections sérieuses débutent presque toujours par une nefra générale ayant pour satellites les nefras de second ordre que nous venons de citer.

été sauvé par ses jambes l'est aussi bien que celui qui a été sauvé par son bras. »

« *Echeri aoud sabok, 'ila tetred, telhag ; ou ila tkoun metroud, temnâ.* » — « Achète un cheval rapide ; si tu poursuis tu atteins, et si tu es poursuivi tu te sauves. »

Cependant, l'expérience a prouvé que les levées de boucliers ne se produisaient jamais sans que des signes avant-coureurs ne donnassent l'éveil. En général, les indigènes sont travaillés par des imposteurs que les confréries religieuses tiennent toujours en réserve et qui exploitent auprès d'eux des prédications plus ou moins apocryphes, pour leur démontrer que la fin de notre domination est proche. La possibilité d'un triomphe s'empare alors de leur complaisante imagination et inspire souvent de l'audace aux plus circonspects. Des résistances à nos ordres se font presque aussitôt sentir sur certains points, notamment quand il s'agit d'obtempérer aux réquisitions de goums ou de bêtes de somme ; les nomades avancent l'époque de leurs approvisionnements de céréales et hâtent cette opération ; des hommes valides disparaissent, etc. Mais, si, ordinairement, il y a surprise quant à l'heure de l'explosion d'une révolte, le danger est toujours prévu et annoncé un certain temps à l'avance. Ainsi, les insurrections de 1864 et de 1881 furent pronostiquées à Oran plus d'un an à l'avance.

Notre force en Algérie réside dans la désunion des tribus, leur manque d'entente, l'inaptitude des indigènes à concerter un mouvement d'ensemble. Les rivalités existant entre les ordres religieux ou entre les grands chefs, les vieilles rancunes héréditaires entre tribus rendent heureusement presque impossible la simultanéité de plusieurs révoltes. D'ailleurs, même une insurrection étendue ne saurait résister au manque de chef unique, habile et influent. Les tribus, n'obéissant pas à une seule impulsion, ne peuvent se prêter un mutuel appui ; chacune agit pour son compte ; chacune cherche à sauver ses têtes et ses biens, et chacune est successivement accablée et désarmée.

Néanmoins, on ne saurait trop se hâter, s'il est possible, d'étouffer dans l'œuf une insurrection qui peut s'étendre ; mais il faut examiner la situation froidement, ne pas trop s'en émouvoir et aviser de suite aux moyens d'éteindre le foyer insurrectionnel. Le premier et le meilleur de ces moyens consiste à se procurer sans retard des otages, des gages ; il exige une exacte connaissance des allures de la tribu, des pâturages habituels de ses bêtes de somme, des lieux où sont ensilotés les grains ; enfin, il faut bien savoir quels intrigants la mènent.

D'ailleurs l'organisation d'une insurrection exige un certain temps. Un chef qui veut former un rassemblement a d'abord à lutter contre beaucoup de répugnances, de volontés et d'intérêts ; il lui faut ensuite une grande somme d'énergie ; enfin, il est nécessaire qu'il jouisse d'une grande influence pour maintenir ses contingents groupés et au complet.

Quand des chérifs, quand Abd-el-Kader lui-même opéraient des rassemblements, il leur était très difficile de maintenir les indigènes sous les armes (1). En *smel* (en rassemblement), l'ennui les prend ; les vivres manquent souvent. Sans doute, on en va

---

(1) « Abd-el-Kader redouble d'activité et fait d'incroyables efforts pour réunir des moyens de résister ; mais les rapports unanimes des nombreux réfugiés de toutes les tribus témoignent de l'excessive lassitude des Arabes. » (*Campagnes d'Afrique*, général Changarnier, 21 mars 1841.)

chercher qui coûtent peu aux guerriers de la smala, parce que c'est la tribu qui les leur procure ; mais, quand la razzia et le pillage ne donnent pas, la tribu finit par se lasser de donner.

Toutefois, si les précautions prises pour arrêter l'insurrection au début restent sans effet ou si les moyens de répression font défaut, il faut la laisser aller : la colonie, renfermée dans ses centres, n'est point perdue pour cela. En pleine mer, dans les parages de tempête, si un bon voilier ne peut pas lutter contre l'orage, le capitaine met à la cape, amarre la barre de son gouvernail et attend sans crainte et sans lutte que la mer se calme.

Si tous les centres de colonisation étaient pourvus de bordjs, de blockhaus ou même de simples ouvrages en terre où la population puisse se réfugier ; si partout il existait un approvisionnement de vivres de plusieurs mois, aucun de ces centres ne courrait le risque d'être enlevé de vive force : bien gardé, une surprise serait impossible.

Nous pourrions citer nombre de faits historiques démontrant l'impuissance des indigènes à faire tomber les ouvrages, même en terre, défendus par des Européens. En 1871, tous les bordjs ont résisté. Plusieurs, comme celui de Bordj-bou-Arreridj et celui de Beni-Mansour, ont soutenu des sièges de plus de deux mois, bien que les Kabyles aient essayé de les attaquer par la mine.

En Algérie, comme partout, l'officier qui commande doit faire preuve de prudence ; mais il ne doit pas s'exagérer les choses et les événements. Dans ce pays, tout a un cachet particulier, une teinte locale, un parfum *sui generis*; pour en juger sainement, il faut bien connaître les affaires du pays, la population avec ses mœurs et ses habitudes, qui tiennent un peu de l'état sauvage.

Lors de notre arrivée en Tunisie, tous les Arabes de l'intérieur se rendaient aux marchés en armes; ils labouraient en armes, et les hostilités entre tribus et même entre fractions étaient permanentes. Les querelles de soffs (1) éclataient à la moindre occasion. Quelques officiers du service politique attachaient à ces luttes une importance qui n'avait pas échappé à certains cheikhs. L'un d'eux dit un jour à un commandant de cercle : « Si tu ne fais pas ceci ou cela, nous nous battrons. » Il avait suffi à cet officier supérieur de lui répondre : « Battez-vous, cela nous est égal; tuez-vous du monde, peu nous importe », pour qu'ils n'en vinssent pas aux mains.

Les causes de lutte entre tribus sont nombreuses : une rixe particulière, l'enlèvement d'une femme, un vol dont la réparation n'a pas été obtenue, les prétentions sur une prise d'eau les faisaient autrefois courir aux armes. Ces luttes étaient ordinairement peu sanglantes; elles se réduisaient à des courses sur le territoire ennemi et à des coups de fusil tirés de plus ou moins loin; rarement on en venait à l'arme blanche.

En Algérie, nous avons toujours eu trop de souci de ces discordes intérieures; nous avons mis trop d'empressement à les empêcher de renaître, à les étouffer,

---

(1) Comme tous les pays arabes, la Tunisie est divisée en deux partis, l'un partisan de la dynastie actuelle et l'autre hostile.

au lieu de chercher à en profiter pour notre domination. Un peu moins d'esprit de conciliation et un peu plus d'adresse eussent mieux rempli le but que nous poursuivions en Afrique. « O Dieu! fais que les dissensions des Arabes soient éternelles, et notre pouvoir est inattaquable! » disaient, avec une justesse absolue, les Turcs.

Les insurgés ont fait éprouver à nos colonnes des échecs assez meurtriers, mais relativement rares et toujours partiels. La plupart de ces échecs avaient eu pour cause l'imprudence, l'ignorance, la maladresse ou le manque d'initiative. Il serait facile, en remontant aux premiers temps de la conquête, d'en citer de nombreux exemples. Mais ces échecs, tous plus ou moins promptement réparés, étaient, dans une certaine mesure, excusables : on marchait à tâtons, par suite de l'ignorance complète où l'on se trouvait du pays, des hommes et des choses d'Afrique.

Il n'en est plus ainsi aujourd'hui. Esprit, allures, relations, ressources des tribus, tout est parfaitement connu de nos commandants de cercle. Il n'est pas un sentier de leur territoire qu'ils n'aient parcouru; de mémoire, ils embrassent leur pays, et, en cas de révolte, ils ne se tromperaient pas, pour la plupart, sur les dispositions à prendre pour la réprimer. Le retour des erreurs commises par leurs prédécesseurs n'est donc plus à craindre. D'ailleurs, même à l'époque où ils se sont produits, ces revers partiels ne pouvaient avoir de conséquence bien fâcheuse pour notre domination, cependant beaucoup moins solidement établie qu'aujourd'hui, ni porter une atteinte mortelle à notre colonie, encore très chancelante alors.

Dans toute insurrection, l'état de guerre trop prolongé conduit à une gêne insupportable pour les insurgés. La crainte de la misère, le désordre, le discrédit qui suit toujours l'insuccès, le découragement leur font abandonner le faux chérif qui les avait soulevés. Les soumissions commencent alors et se succèdent si bien qu'on n'en voit plus la fin : tout le monde se soumet, même, chose curieuse, des gens qui ne s'étaient pas révoltés.

La colonie en face de l'insurrection.

Malgré les erreurs commises, les fréquentes contradictions politiques, les variations administratives, les indécisions, les tergiversations qui entretenaient dans l'esprit de l'indigène des doutes sur nos projets à son égard ; malgré l'ébranlement qu'ont fait subir à notre domination les malheurs de la France, jamais le salut de la colonie n'a été aussi compromis qu'au temps où Abd-el-Kader menaçait la Mitidja.

Mais il ne se présentera plus pour l'Algérie d'Abd-el-Kader devenant puissant par notre propre œuvre. Quelques chérifs de second ordre susciteront encore des révoltes partielles, ce n'est pas douteux. Le métier de chérif en pays musulman n'exige qu'une intelligence médiocre, il est à la portée de trop de monde et il est trop lucratif pour ne pas se perpétuer ; mais faut-il 70.000 hommes pour battre un chérif (1) ?

_____

(1) « Est-il honorable, en effet, de voir une armée de 90.000 hommes tenue en échec par un partisan à la tête de 500 chevaux ? » (*Campagnes d'Afrique*, colonel Le Flô, depuis général de division, 17 mars 1846.)

Toutes les populations du pays, Sahariens, Tellias, Kabyles, ne peuvent vivre sans notre permission : leur existence est entre nos mains.

Bien avant son expédition contre les Righa révoltés, le général Desvaux avait retiré aux Tellias de la province de Constantine le droit d'exporter du grain au Sahara. Quoique l'exécution de cette mesure laissât à désirer, elle n'en produisit pas moins une grande misère dans l'oued Righ. Les relations de l'expédition mentionnent l'allégresse des habitants, cependant peu expansifs, quand la colonne, arrivant chez eux, leur apprit l'approche des caravanes qui la suivaient.

La région du Tell est notre place d'armes. Nous la tenons mieux que celle des hauts plateaux et que celle du sud. Or, le Tell c'est la culture, le grain indispensable à l'existence ; la terre du Tell est la nourrice commune, toutes les populations se pendent à ses mamelles. En la tenant bien, nous tenons le reste (1).

Les révoltes des Tellias et des Kabyles se localisent toujours ; on peut donc les atteindre à jour et à heure fixes. Les Kabyles, marchands d'huile, sont pris entre deux feux. Ils achètent dans le Sud et vendent dans le Nord ; leurs huiles passent aux colons du Tell. Chez ces montagnards, quand le fanatisme est

---

(1) « Il est, en Algérie, depuis des siècles, un axiome politique qui est que les maîtres du Tell sont aussi les maîtres du Sahara, ce qui s'explique, comme nous l'avons déjà dit, par l'impossibilité où sont les tribus sahariennes de tirer leurs grains d'ailleurs que du Tell. Sous les Turcs, cela seul leur faisait payer l'impôt ; car la quittance du receveur était la seule clef qui pût leur ouvrir les portes du pays aux céréales. » (*Annales algériennes*, t. III, p. 79.)

en lutte avec l'intérêt, c'est toujours l'intérêt qui l'emporte. Quant aux nomades, sous peine de mourir de faim, ils sont obligés de venir périodiquement dans le Tell renouveler leurs approvisionnements ; en outre, soumis à la loi de transhumance, ils sont forcés d'y chercher pendant l'été, pour leurs troupeaux, les pâturages que ne leur offre plus le « Pays de la soif ». Il est donc inutile de les poursuivre dans le désert s'ils ont commis quelque méfait ; lors de leur mouvement ascensionnel annuel, ils viennent d'eux-mêmes chercher leur punition.

Mais cet avantage de tenir tout le pays par les vivres ne doit pas nous dispenser de prendre toutes les précautions permettant de résister éventuellement aux révoltes.

La population européenne a une confiance aveugle dans la solidité de la paix ; non seulement elle ne pense jamais à la résistance, mais elle néglige les mesures de prudence les plus élémentaires et les plus urgentes. Cependant, les indigènes au milieu desquels elle vit, pour domptés qu'ils sont, ne sont pas encore soumis ; il faut donc toujours s'attendre à un soulèvement de leur part, et, comme il est impossible de prévoir où il se produira, il faut être partout prêt à résister. Cette confiance ridicule et dangereuse semble même partagée par l'élément gouvernemental et par les organes de l'opinion. Ne répète-t-on pas à chaque instant dans des discours officiels ou dans des articles de presse cette phrase trompeuse en Algérie : « Le règne fécond de la paix a définitivement succédé au tumulte improductif des armes » ? En territoire de commandement, heureusement, les règles de prudence ne sont jamais perdues de vue, et l'autorité militaire veille rigoureusement à leur observation.

Faut-il rappeler, malgré des affirmations contraires et mal intentionnées, qu'en 1881 les ouvriers espagnols des chantiers d'alfa, massacrés les 11 et 12 juin par Bou-Amama, eussent pu échapper à leur triste sort s'ils avaient tenu un compte sérieux des avis réitérés de l'autorité militaire (1)?

Dans le Tell, au contraire, la confiance des Européens dans la paix est entière; vivraient-ils dans le centre de la France, que leur apathie ne serait pas plus complète; l'idée qu'ils sont un contre sept ne leur dit rien. Or, cette disproportion constitue un danger d'autant plus grand que nous avons désarmé en face des indigènes, comme s'ils étaient complètement et définitivement ralliés à notre domination et à notre cause; nous les traitons comme si nous étions aussi sûrs de leur fidélité et de leur dévouement que nous le sommes de nos propres nationaux.

Des indigènes éclairés, intelligents, ont, il est vrai, été séduits par tout ce que notre civilisation a de beau, de noble, et sont prêts à nous aimer sincèrement; mais ce n'est pas la généralité.

Malgré les nombreuses affirmations sur la possibilité d'une fusion des indigènes et des Européens, cette fusion n'a pas encore fait un pas. Les uns et

---

(1) « Le général de Négrier avait eu vent que l'ennemi préparait une attaque. Les Européens de Boufarik avaient été avertis aussitôt par lui de ne pas laisser sortir leurs ouvriers ce jour-là; mais ils ne tinrent aucun compte de cet avertissement. » (*Annales algériennes*, t. II, p. 181.)

les autres, bien que vivant de la même vie, ont
conservé leurs préjugés et se sont cantonnés dans
leurs habitudes et leur famille ; pendant de longues
années encore, il y aura juxtaposition, mais non
fusion. Le réveil certain de l'esprit musulman et la
recrudescence actuelle du fanatisme religieux, conséquences de la politique pratiquée pendant la deuxième
moitié de ce siècle envers les peuples de l'Islam, du
Thibet à l'Atlantique, ne sont point faits pour hâter
cette fusion. Ce que Rome, ce que Byzance, ce que les
Turcs et les Arabes n'ont pu réaliser en Orient au
cours de tant de siècles, ce n'est pas en cent ans
que nous pourrons l'accomplir.

Des esprits assurément bien intentionnés cherchent à démontrer aux indigènes, au nom du même
code qui, naguère, leur imposait l'immobilité, la
nécessité du progrès ; mais le vieil esprit de l'Islam
résiste à cette réaction des idées et des mœurs de
l'Occident sur l'immuable Orient. Tout bon musulman, bien meilleur logicien que ces penseurs,
comprend vite que ces réformes, dont ses ancêtres
ont su si bien se passer, ne tendaient à rien moins
qu'à destituer le Coran. Le plus grand obstacle, le
plus redoutable ennemi de la fusion, c'est le Coran.

Il faut bien l'avouer : les masses indigènes subissent mais n'acceptent pas notre puissance ; c'est
à l'ascendant de la force qu'elles cèdent et non à
l'influence morale ; elles nous restent toujours hostiles. Pour dissiper leur haine du vainqueur, pour
les amener à nous, il suffirait de cesser de les par-
quer dans l'isolement, d'appliquer vis-à-vis d'elles
une politique sage, juste, bienfaisante, qui leur

ouvrît toutes grandes l'assimilation et l'entrée dans
nos rangs, de soigner leurs intérêts et de leur assurer bien-être et satisfaction d'amour-propre.

Il importe donc de ne pas se reposer sur la foi des
traités ; il faut être vigilants et organiser des moyens
de résistance et de répression. Tout en laissant l'indigène très libre en temps ordinaire, il est indispensable de le rendre aussi saisissable que possible pour
le cas où il se révolterait.

L'Algérie applaudirait volontiers aux mesures
assurant sa sécurité si, dans un certain nombre de
centres d'importance secondaire, les dépenses de la
garnison ne constituaient pas la principale source
de revenu des habitants. Cependant, une pareille
considération ne saurait être prise au sérieux, d'autant qu'une diminution d'effectif de l'armée d'Afrique
aurait pour conséquence heureuse de tourner vers
l'agriculture, le commerce ou l'industrie une quantité de gens qui, trouvant moins pénible et plus
facile de vivre en empoisonnant l'armée qu'en tra-
vaillant, ont préféré l'état de cabaretier à celui de
colon, qu'ils avaient d'abord en perspective, avec
toutes ses peines et ses difficultés.

Voies de communication.

En Algérie, le moindre travail d'utilité publique
est soumis aux plus énervantes formalités. C'est là
la principale raison de la lenteur du développement
économique du pays. A cette raison, il faut encore
ajouter notre mauvaise habitude de nous dénier les
aptitudes coloniales. Ce ne sont ni les capitaux ni les

colons qui manqueraient à nos colonies, en général,
si nous avions confiance en nous. En nous enlevant
la confiance en nous-mêmes, nous paralysons notre
activité dans son principe. Il est d'ailleurs absurde,
après avoir conquis un immense empire colonial, de
mettre en question si l'on est colonisateur. Cela est,
du reste, démenti par le passé aussi bien que par le
présent; il suffit de voir avec quelle rapidité pro-
gresse la Tunisie, livrée à elle-même et forcée de se
tirer d'affaire avec ses propres ressources.

Qu'on délivre l'Algérie de toutes les entraves qui
la gênent, et elle prendra un essor extraordinaire.

En attendant, quand on parcourt la colonie et
surtout les régions montagneuses, on est frappé non
seulement du mauvais état des routes, mais encore
de leur petit nombre et de leur insuffisance. Ce n'est
pas ici le lieu de discuter cette question au point de
vue économique (1). Mais comment les troupes
pourront-elles parcourir le pays en cas d'insurrection? Se l'est-on demandé depuis la prise en
charge des voies de communication par le service
des ponts et chaussées? Il semble que non.

Cet état de choses est d'autant plus fâcheux que la

---

(1) Ni les colons ni les capitalistes ne peuvent, de leur seule initiative, créer des routes et des chemins de fer. Que peuvent-ils alors
entreprendre dans les régions où les voies de communication font
défaut, où il est impossible de faire circuler autrement qu'à dos d'animaux les marchandises, les produits du sol, les engrais, le matériel
agricole et industriel, etc.?
 Les voies de communication ne peuvent être créées que par les
pouvoirs publics; négligées comme elles le sont, la marche de la colonisation est entravée; elle est même rendue à peu près impossible
dans les massifs montagneux accidentés et au delà du Tell, la colonie
étant dépourvue de moyens naturels de circulation, tels que fleuves et
rivières navigables.

viabilité du pays est une des conditions de protection les plus essentielles de la colonisation. A quoi auront servi les efforts de plusieurs générations si, en un jour, par la torche et le glaive, le fanatisme ignorant détruit tout? Les Romains nous ont cependant laissé des exemples qu'il suffirait de suivre (1). Malheureusement, les leçons de l'histoire sont presque toujours perdues.

En effet, ce qui caractérise la colonisation romaine, c'est le soin avec lequel les centres militaires ou les villages de colons étaient reliés. La voie romaine, avec sa large assise d'empierrement et de dallage, avait toujours été considérée comme un puissant moyen de domination. Les traces ou, plutôt, les jalons que l'on retrouve partout en Algérie et en Tunisie, dans les *stationes*, les *mantiones*, véritables biscuits-villes, garnisons, gîtes d'étapes ou postes, prouvent que les chaussées romaines, les *viæ calcatæ*, répondaient toujours soit à un plan d'ensemble stratégique, soit à une exploitation rationnelle de toute une région. Certes, pour le transport des *impedimenta* des cohortes, des céréales et des huiles destinées à la métropole, les vieilles sentes indigènes

---

(1) « La question d'Afrique n'est pas une question d'expéditions, c'est une affaire d'établissements ; c'est, en un mot, une question de moellons. Les Romains l'avaient envisagée ainsi, et leur domination est écrite sur le sol, parsemé de voies romaines et de constructions de toute espèce. Nous ne serons maîtres du pays qu'en suivant leurs traces, c'est-à-dire en commençant par nous établir solidement là où nous sommes et en faisant des routes pour communiquer avec nos établissements de l'intérieur et en les rendant ainsi de véritables (et non point d'illusoires) bases d'opérations pour la guerre lointaine, si elle est nécessaire. » (*Campagnes d'Afrique*, chef de bataillon du génie Bouteilloux, 21 novembre 1841.)

pouvaient largement suffire, puisque, même aujourd'hui, Kabyles ou Arabes les préfèrent, pour leurs bourricots, leurs mulets, leurs chameaux ou leurs chevaux, à nos routes nationales ou à nos chemins vicinaux. Mais la chaussée, filant droit à travers plaines et collines, sillonnée de chars ou de chariots, évoquait instinctivement chez l'indigène une idée de sujétion dont bénéficiait le prestige des dominateurs du pays.

Comparée à la nôtre, l'œuvre des Romains ne provoque-t-elle pas des comparaisons désobligeantes pour nous? Nous n'avons même pas encore ouvert, comme il convient, le pays à nos colonnes et à notre artillerie, et la plupart des routes de l'intérieur, construites avant tout dans le but d'établir de faciles communications entre les places et les points stratégiques, sont toujours dans un état fort imparfait.

C'est dans les régions montagneuses surtout que la sécurité de la colonisation exige la construction de chemins praticables. Au lieu de punir des populations déjà pauvres en les frappant d'amendes qui les ruinent encore davantage, ne serait-il pas préférable de leur imposer des prestations en nature, pour améliorer sans relâche les sentiers kabyles et finir par en faire de véritables routes stratégiques? Rien ne serait plus propre que ces routes à assurer la pacification des massifs montagneux.

Dans les plaines, et surtout dans le Sud, une autre mesure s'impose : l'aménagement de points d'eau. Combien de nos routes et de nos pistes principales sont dépourvues d'eau sur des parcours de 30 à 40 kilomètres! Les Romains recueillaient avec un soin jaloux les eaux de pluie et jalonnaient leurs routes d'étapes de citernes et de réservoirs, non pas tant pour faciliter l'existence des populations que pour permettre à leurs troupes de se porter partout, en toute saison. Les progrès de la science et de la mécanique nous permettent de faire mieux que les Romains et à moins de frais : des puits forés, échelonnés à des distances convenables le long des itinéraires stratégiques, assureraient en tout temps l'eau nécessaire aux colonnes.

En ce qui concerne les voies ferrées, nous n'avons pas su, pendant longtemps, appuyer notre action politique sur l'emploi de ce levier, de cet outil capital. Et, cependant, dans la politique coloniale, le chemin de fer est ce qu'étaient et ce que sont encore les armées et les flottes : l'instrument, le signe et le véhicule de la force; le levier, l'outil de la domination et de la conquête. Sans l'insurrection de 1881 du Sud oranais, nous n'aurions peut-être pas encore de ligne de pénétration dans cette région. Aussi a-t-on pu dire plaisamment que Bou-Amama avait droit à la reconnaissance publique, puisqu'il a été, en réalité, le promoteur de la ligne d'Aïn-Sefra.

Les nomades du Sud savent très bien apprécier notre force militaire. Mais cette force n'a de valeur réelle que par l'usage qu'on en peut faire. Et le nomade le sait bien, et il le dit : « Je suis mon maître sur mon sol; et, pour me soumettre, il faut pouvoir venir chez moi. » Mais, si, au déplacement naturel de nos troupes, sur lesquelles il a l'avantage d'une mobilité plus grande, on substitue le déplacement par voie ferrée, alors son attitude change complètement.

L'indigène sait que le ruban de fer s'allongeant sur des centaines de kilomètres permet, en deux ou trois jours, de déverser sur les hauts plateaux ou sur les confins du désert des centaines et des centaines d'hommes dispos, prêts à engager une vigoureuse action, et qui ne manqueraient ni de vivres ni de munitions. Alors, c'est fini ; le fataliste s'incline, et notre autorité matérielle est dorénavant aussi solidement assise qu'il est possible.

Dans la région tellienne, les chemins de fer, encore qu'ils soient incomplets, ont néanmoins rendu les révoltes partielles presque impossibles, par les moyens qu'ils offrent de les réprimer avec une rapidité foudroyante. Les massifs montagneux, véritables citadelles isolées, sont maîtrisés. Un simple coup d'œil sur une carte de la colonie fait ressortir la possibilité d'assaillir, en quelques jours, les Kabylies du nord de la Medjerda et celles comprises entre la mer et la ligne ferrée Alger-Aumale-Bordj-bou-Arréridj-Sétif-Constantine-Philippeville, au moyen de colonnes convergentes. La même opération est possible contre les massifs moindres de Cherchell, de l'Ouarensenis, du Dahra et des Beni-Chougran.

La zone des hauts plateaux, zone stratégique par excellence, est encore très insuffisamment dotée de chemins de fer ; mais, après l'exécution du programme actuel de lignes de pénétration dans le Sud, les tribus sahariennes, à leur tour, seront hors d'état de tenter un effort sérieux. Les mouvements de troupes seront facilités ; la concentration s'effectuera rapidement et à moins de frais ; le transport des approvisionnements deviendra beaucoup moins onéreux.

La sécurité de l'Algérie, autant que son développement économique (1), réclame l'achèvement du réseau ferré du pays. Le programme rationnel comprend :

Le prolongement de la grande ligne littorale de Tunis-Alger-Oran-Aïn-Temouchent jusqu'à Marnia, à la frontière marocaine, et, s'il est possible, jusqu'à Oudjda ;

Le raccordement à cette grande artère des principaux points de la côte (Nemours, Tenès, Cherchell, Djidjelli, Collo, la Calle, Tabarca) ;

L'achèvement de la ligne côtière tunisienne de Tunis à Gabès ;

La construction de la ligne saharienne Biskra-Touggourt-Ouargla ;

La construction des nouvelles lignes de pénétration : Tiaret-Alfou ; Bouïra-Aumale-Bou-Saâda ; Tebessa-Gafsa-Gabès ; Gafsa-Tozeur ; Gabès-Douïrat ; Oued-Zergua-Testour-Makter-Djilma-Sfax ;

La construction, vers la frontière marocaine, des deux petites lignes Lamoricière-Sebdou et Ras-el-Ma-El-Aricha ;

Enfin l'établissement, aux limites sahariennes, d'une ligne parallèle à la côte partant des ksour oranais et

---

(1) L'indigène algérien a fort bien compris la grande utilité, pour son existence même, des chemins de fer. Il sait que, grâce à eux, les famines comme celle de 1867 ne sont plus à redouter. Au lieu d'être obligé, comme autrefois, de porter ses produits jusque sur le littoral, pour les échanger contre du numéraire, il trouve des acheteurs dans les gares et fait ainsi l'économie de quatre, cinq, six, et même d'un plus grand nombre de journées de location de bêtes de somme, qui lui laisse quelque profit.

C'est principalement pour ces raisons qu'il n'a été porté aucune atteinte aux chemins de fer pendant l'insurrection de 1871. En effet, pas un rail n'a été enlevé sur un parcours de 420 kilomètres, d'Alger à Oran, et de 72 kilomètres, entre Philippeville et Constantine.

se dirigeant, par Laghouat et Biskra, sur Gafsa et Gabès. Cette ligne présenterait des avantages stratégiques considérables (1). Supposons un mouvement insurrectionnel éclatant dans l'Extrême-Sud oranais. Aujourd'hui, les garnisons de Biskra ou de Batna, par exemple, mettraient, par les routes ordinaires, de quarante à cinquante jours pour se rendre directement dans la région des ksour; pour utiliser la ligne d'Aïn-Sefra, elles seraient obligées de remonter vers le Nord pour emprunter la grande ligne parallèle à la côte, probablement encombrée et sans matériel suffisant. Au contraire, avec la ligne parallèle du Sud, ces mêmes troupes peuvent être transportées en trois ou quatre jours au plus, sans que la circulation sur la ligne du Tell ait à en souffrir.

La réduction des effectifs est étroitement liée à la question des chemins de fer, et il y aurait avantage à lier la solution des deux problèmes. En effet, le ministère de la guerre, escomptant les économies devant résulter de la réduction des garnisons de Géryville et de Laghouat, par exemple, et de la diminution des frais de ravitaillement des postes du Sahara, ne pourrait-il pas construire, avec des ressources extraordinaires mises à sa disposition, son régiment de chemins

---

(1) Elle serait en même temps commerciale, et tout indique qu'elle serait suffisamment rémunératrice. En effet, les caravanes d'Extrême-Sud abrégeraient leurs voyages de près d'un mois, d'où diminution de frais et de fatigue; elles recevraient plus facilement et plus rapidement nos produits manufacturés d'Europe; leurs apports en marchandises diverses se répartiraient aisément dans toute la colonie sans que les Sahariens eussent désormais à s'inquiéter, avant toute autre chose, de la route la moins longue à suivre pour atteindre le marché le plus productif, c'est-à-dire le Tell.

de fer et sa main-d'œuvre disciplinaire ou pénale, les deux lignes de Géryville et de Laghouat? Le chemin de fer doit être pour nous la *via calcata* des Romains ; notre action politique et militaire dans le Sud doit s'appuyer sur l'emploi judicieux de ce nouvel et merveilleux instrument de domination.

Le développement des voies de communication réclame naturellement un accroissement correspondant du réseau télégraphique. Grâce aux réclamations persistantes de l'autorité militaire, appuyées par le gouverneur général, le télégraphe électrique a été établi d'une manière continue, en moins de trois années, entre nos postes d'Extrême-Sud : El-Goléa, Ghardaïa, Ouargla, Touggourt, Biskra, El-Oued. Néanmoins, il reste encore beaucoup à faire.

La province d'Oran est encore très sommairement outillée; on a dû, jusqu'à présent, s'y contenter des postes optiques.

Les lignes dont la construction est urgente sont celles de Géryville à Aïn-Sefra, par El-Abiod-Sidi-Cheikh, et de Aïn-Sefra à Djenien-bou-Rezg. La première, d'une longueur de 220 kilomètres, permettra au général commandant la subdivision d'Aïn-Sefra de correspondre directement avec Géryville, au lieu d'être obligé de faire passer ses dépêches par Saïda. En temps de troubles, il est nécessaire de pouvoir doubler les communications de nos deux centres d'action militaire dans le Sud oranais. De plus, il est indispensable de relier au réseau télégraphique algérien El-Abiod-Sidi-Cheikh, parce que ce ksar joue un rôle très important dans la région, comme centre d'attache religieux des Ouled-Sidi-Cheikh, et parce qu'il est un des points stratégiques de la route de Géryville au Touat.

Les postes optiques, dont l'utilité est en réalité secondaire en temps ordinaire, sont indispensables en temps d'insurrection, les communications électriques pouvant, comme en 1871, être coupées par les insurgés, tout au moins partiellement. En outre, l'expérience a démontré que l'emploi de la télégraphie optique demeure alors exclusif pour relier les colonnes mobiles, non seulement avec les points de ravitaillement, mais encore les unes avec les autres, de façon à leur permettre un concert d'opérations qui, sans elle, ne serait pas possible.

Or, le service de la télégraphie optique est encore fort incomplet en Algérie. Dans le Tell, où l'on compte exclusivement, à tort croyons-nous, sur la télégraphie électrique, ce service n'est même pas prévu; dans l'intérieur et dans le Sud, les postes permanents sont insuffisants et ne sont pas partout reliés entre eux, de manière à former un réseau continu du littoral du golfe de Gabès à la frontière marocaine. Ce réseau demande impérieusement à être complété, si l'on veut être en situation de pouvoir être informé rapidement et à coup sûr des événements.

Un autre travail, susceptible de rendre les plus grands services en temps de troubles et même pendant les manœuvres, s'impose également : c'est la détermination topographique exacte de tous les points visibles de chaque poste, avec leurs distances, et la confection d'une carte d'horizons visibles de tous ces points. Au moyen de cette carte, chaque commandant de colonne pourrait savoir à l'avance qu'à telle distance de son camp ou de l'endroit où il se trouve il existe un point d'où il peut se relier au réseau optique et télégraphier avec ses appareils de campagne.

La multiplicité des postes optiques présente encore un autre avantage : elle permet d'assurer dans une mesure très appréciable la surveillance du pays. En effet, grâce à la structure du sol, on découvre généralement, du haut de ces postes, des espaces immenses, et, dans le cas où une insurrection menacerait d'éclater, on constaterait facilement, à l'aide du télescope, les mouvements anormaux de cavaliers, de troupeaux, les émigrations. Des mesures convenables pourraient alors être prises à temps.

Malheureusement, en raison de leur élévation, on ne peut pas compter d'une façon absolue sur les postes optiques. Des brouillards ou des ouragans de sable peuvent, à un moment donné, empêcher les communications diurnes. On est alors réduit à ne communiquer que la nuit. Pour parer à cet inconvénient et assurer par les intempéries la communication entre les postes, il serait nécessaire de pourvoir chacun d'eux d'une équipe de pigeons voyageurs entraînés d'un poste à l'autre. Les distances à parcourir étant généralement inférieures à cent kilomètres, l'entraînement serait facile et pourrait se faire en deux ou trois jours.

Le but à atteindre, dans le développement du réseau télégraphique, c'est de relier tous les postes du Sud de l'Algérie et de la Tunisie à ceux de l'intérieur, de telle sorte qu'ils puissent être en correspondance constante entre eux et avec le Tell.

Organisation défensive des centres de population.

Pour permettre à l'armée d'Afrique de tenir la campagne, il faut organiser le pays défensivement, et le mettre en état de pouvoir résister éventuellement, pendant de longs mois et jusqu'à l'arrivée des renforts, aux attaques des indigènes.

Si l'abus qu'on a fait sur nos frontières de la fortification est regrettable pour la France, il n'en saurait être de même dans les colonies, et notamment en Algérie. Là, il ne s'agit pas de la grande guerre, dont l'issue se décide par des batailles, mais seulement d'une lutte passagère contre des masses peut-être nombreuses, mais mal organisées et insuffisamment armées. Pour leur résister en rase campagne avec la certitude du succès, il faudrait leur opposer partout beaucoup de monde. Par contre, en mettant en état de défense dès le temps de paix tous les centres de colonisation (1) dont les habitants européens seraient les défenseurs éventuels, en ménageant sur la surface du territoire un certain nombre de grandes places d'appui et de ravitaillement largement approvisionnées, il serait possible de résister presque indéfiniment.

Les indigènes n'ont pas de canons ; les centres seraient donc suffisamment défendus par des retranchements en terre, des blockhaus, des ouvrages en bois d'un développement proportionné à l'effectif

---

(1) « La colonisation ne peut se développer qu'avec de la sécurité : renfermons le cultivateur dans une enceinte bien gardée. » (*Campagnes d'Afrique*, chef de bataillon du génie Bouteilloux, 29 novembre 1841.)

combattant de la population. Avec des vivres, de l'eau et des cartouches, la résistance peut être fort longue; il suffit d'une surveillance régulière pour se garder du danger d'une escalade, d'ailleurs très difficile pour les indigènes, dépourvus des engins convenables et incapables de s'en pourvoir eux-mêmes.

Un grand nombre de centres importants ont été entourés d'une muraille continue englobant à la fois la population indigène et la population européenne. On a commis là une grande faute, car le développement de l'enceinte est en disproportion avec les défenseurs éventuels, garnison, s'il y en a, et habitants; il faut alors avoir recours, comme auxiliaires de la défense, aux indigènes, sur lesquels on ne peut pas toujours compter.

Les ouvrages que nous préconisons devraient être extérieurs aux centres de colonisation et servir uniquement à recueillir et à couvrir, sur une position facile à défendre, la population urbaine européenne. Ce sont les *castella* de la période byzantine, citadelles protégeant les localités ouvertes et leurs habitants et dont les témoins les mieux conservés se peuvent voir à Haïdra et à Timgad.

Le système le plus simple consisterait en une enceinte carrée formée d'un mur crénelé flanqué de bastionnets aux angles; à l'intérieur, un blockhaus-cavalier avec plate-forme susceptible de recevoir une ou deux pièces de montagne; cour intérieure, puits et citernes, hangars, écuries, four, magasin, abris pour la population.

Chaque ouvrage devrait être pourvu, suivant son importance, d'une ou de plusieurs pièces de canon de quelques centaines de mètres seulement de portée, c'est-à-dire permettant d'atteindre l'entrée du village. La population européenne arriverait facilement à manœuvrer et à tirer ces pièces.

Dans un pays où l'assaillant est totalement dépourvu d'artillerie, si le défenseur dispose de pièces, même à âme lisse, il a une supériorité incontestable sur son adversaire. Sur les indigènes, le canon produit, en outre, un effet moral considérable; bien placée, une seule pièce serait suffisante, dans bien des cas, pour garantir un village. Or, le pavé de nos arsenaux est jonché de vieux canons de petit calibre dont on pourrait armer les ouvrages des centres algériens et tunisiens. La marine, de son côté, possède une quantité considérable de vieux pierriers très légers, lançant· une boîte à mitraille chargée d'une livre de balles. Ces pierriers seraient probablement suffisants; peut-être même seraient-ils préférables, dans certains ouvrages, aux anciennes pièces de 4 de montagne, du poids de 100 kilogrammes, pièces très bonnes pour tirer à distance, mais moins faciles à manœuvrer à bout portant contre un ennemi tentant un assaut.

Un assez grand nombre de centres sans garnison fixe possèdent, il est vrai, un bordj où loge habituellement l'administrateur et destiné à servir de refuge à la population en temps d'insurrection. Malheureusement, ils sont devenus insuffisants partout où elle s'est accrue. Ailleurs, les chemises ou murs d'enceinte tombent en ruines ou ont des reliefs insuffisants; enfin quelques anciens « postes fortifiés » n'ont même plus la valeur d'une kasbah en pisé.

Il serait urgent, croyons-nous, dans l'intérêt de la sécurité de la colonisation, d'entrer dans la voie que nous indiquons. L'insurrection une fois déchaînée, il sera trop tard pour prendre des mesures : c'est en temps de paix qu'il faut travailler et organiser la résistance contre les attaques des révoltés.

S'étendre davantage sur ces ouvrages serait superflu; les commissions chargées des études pourront seules arrêter, en tenant compte des circonstances locales, le tracé, la nature et les dimensions des ouvrages. Elles seraient composées d'officiers d'Afrique de n'importe quelle arme, ayant du goût et des aptitudes pour ce genre d'études. Mais il faudrait éviter ces commissions instituées par tous les gouvernements en faveur de personnages de la métropole civils ou militaires désirant visiter l'Algérie sans frais, et la visiter commodément. Munies de nombreuses recommandations, elles devaient parcourir le pays et étudier certaines questions; il y avait des commissions de toutes sortes qui n'aboutirent à aucun résultat pratique.

Enfin, il serait désirable que la population coloniale se livrât à l'élevage et à l'entraînement des pigeons voyageurs. Quels services ne pourraient pas rendre en temps d'insurrection ces précieux et si intéressants messagers !

Inconvénient de la dispersion
de la colonisation.

La distribution des concessions de terrains a été
faite dans toute la colonie avec une imprévoyance
et un manque de méthode qui frappent les esprits
les moins prévenus. L'autorité a agi, surtout au
début, comme si nous n'avions plus rien à craindre
des indigènes ; et, cependant, le temps de la réflexion
ne lui a pas manqué, car le pauvre colon n'a généralement pas été servi rapidement. « L'administration algérienne faisait tout traîner en longueur ;
malgré un luxe exagéré d'employés, les bureaux
étaient des gouffres où tout disparaissait pour n'en
plus sortir (1). » Si l'autorité avait distribué les lots
les yeux fermés, la répartition n'eût pas été plus
inintelligemment faite (2). Il semblerait que chacun
s'est placé où il lui a plu.

Il existe, en dehors de la plupart des centres de

---

(1) Colonel Pein.
(2) « Le général Bugeaud désapprouvait (et en cela il avait parfaitement raison) le système qui avait fait tolérer, et même quelquefois
encourager, surtout sous le maréchal Clauzel, les établissements isolés
et excentriques. Il aurait voulu qu'on eût procédé tout différemment,
c'est-à-dire pas à pas, et non par bonds irréguliers, de manière que les
établissements européens, agglomérés et s'appuyant les uns aux
autres, pussent se prêter au besoin un mutuel secours. Cependant,
comme l'impulsion contraire était donnée, il finit par se résigner à la
subir. Des familles de cultivateurs, venues à Alger avec quelques
avances, demandaient des terres. On les établit sur des fermes doma-
niales dont on leur concéda des parcelles ; mais ce fut presque toujours
après que les lenteurs des formalités administratives leur eurent fait
dépenser leurs faibles ressources dans les inquiétudes d'une longue et
pénible attente ; de sorte que la plupart de ces malheureux n'eurent
des terres qu'au moment où il ne leur était presque plus possible de
les mettre en valeur. » (*Annales algériennes*, t. II, p. 343.)

population, une quantité de fermes, d'usines, de maisons isolées, détachées souvent fort loin, à la disposition desquelles il est impossible de mettre des troupes en temps d'insurrection. Il eût mieux valu interdire formellement ces sortes d'établissements, qui n'ont été que des embarras pour l'administration et qui sont une grosse gêne pour la défense.

En effet, ces établissements constituent, en temps de révolte, « la vraie pierre d'achoppement des opérations militaires ».

Pour être partout à la fois sur la défensive, il faut subordonner celles-ci à la nécessité de défendre toutes les habitations, et, naturellement, il y a une grande dispersion de forces ; la défense devient insuffisante et craque toujours sur quelques points. Tous les quatre ou cinq ans, nous avons ce triste spectacle de fermes brûlées, pillées, de colons assassinés ; ce sont, pour les indigènes, des succès si faciles ! L'armée, que l'on occupe forcément à ces missions de détail, devrait augmenter de nombre au prorata de ces établissements, et malheureusement c'est l'Algérie entière. Ce n'est pas là une mission militaire, mais une mission de police et de colonisation (1).

Pour éviter le retour de ces faits de pillage et d'incendie, il faudrait déplacer les établissements isolés et forcer leurs propriétaires à accepter, en échange de leurs terrains, des concessions dans le rayon de la défense et de les indemniser des frais de démolition et de reconstruction des bâtiments. Mais, en supposant que l'accord puisse se faire sur ce point, la question d'argent — car il faudrait des

(1) Colonel Philebert, depuis général de division, « Considérations sur l'occupation militaire de l'Algérie » (*Journal des sciences militaires*, février 1874).

sommes considérables — empêcherait toujours l'exécution d'une semblable mesure.

Cependant, ce ne serait pas là un obstacle à la
mise en état de défense des centres de population.
En cas d'insurrection, un refuge serait assuré dans
l'enceinte de protection aux gens des environs, et
l'on abandonnerait à leur sort les établissements
isolés, que les troupes, quel que soit leur effectif en
Algérie, ne parviendront pas toujours à préserver
de la ruine.

Milices sédentaires.

A qui incomberait, en cas d'insurrection, l'occupation et la défense du réseau de fortifications coloniales? La simplicité et la dimension des ouvrages
en rendront la défense facile avec peu de monde;
mais encore faut-il avoir sous la main un personnel
tout prêt et assez exercé pour en tirer le maximum
d'effet utile.

Ce personnel est à demeure, c'est celui de la colonisation : il est apte à ce service et nombreux.

Il s'agit ici de la question de l'organisation militaire de la population civile algérienne sans distinction de nationalité. La traiter à fond et en détail
serait sortir du cadre de ce travail ; nous appellerons
simplement l'attention sur les ressources de la colonie en hommes capables de porter les armes, et
nous dirons, d'après le colonel Pein, quelques mots
de l'organisation paraissant la plus pratique.

Tout d'abord, nous rappellerons qu'à l'époque où
la plupart des tribus de l'Algérie étaient encore in-

soumises la milice eut à remplacer plus d'une fois les troupes actives dans la défense de certains points (1). Son instruction militaire laissait alors fort à désirer : elle n'était pas organisée militairement. Et cependant on la jugeait déjà capable de défendre nos postes contre les indigènes : elle a pleinement, et souvent héroïquement, justifié cette opinion.

La formation de corps territoriaux a présenté moins de difficultés en Algérie qu'en France, parce que les appels y froissent moins d'intérêts et qu'ils n'entravent pas les carrières : on fait peu d'affaires importantes dans la colonie, la population ne voyage que rarement, les moyens de locomotion sont souvent encore primitifs et peu commodes. La plupart des colons ont servi au moins pendant un an ; ils sont tous éprouvés et solides. Ceux nés dans le pays, entraînés dès l'enfance à supporter toutes les fatigues, familiarisés de bonne heure avec l'emploi des armes à feu, par la nécessité d'aider leurs pères ou leurs parents à monter, pendant la nuit, la garde

---

(1) « Le 22 mars 1836, un arrêté appela au service de la garde nationale tous les Européens de 20 à 50 ans domiciliés en Afrique, patentés ou propriétaires ; le 24 du même mois, les gardes nationales des communes rurales furent réunies en bataillon. » (*Annales algériennes*, t. II, p. 157.)

« Rentré à Alger le 18 mars 1842, M. le gouverneur rendit, le 19, un arrêté qui déclarait en état de guerre tous les points de l'Algérie occupés par nos troupes. Cette mesure, nécessitée impérieusement par l'état de choses, mettait partout la milice africaine ou garde nationale sous les ordres de l'autorité militaire, à laquelle elle subordonnait l'autorité civile pour les mesures de police. La guerre étant en effet partout, l'autorité militaire devait être la première partout. *La milice africaine ou garde nationale dut à ce régime une vigueur de constitution qui en fit un précieux auxiliaire pour l'armée.* » (*Annales algériennes*, t. II, p. 448.)

dans les vignes ou sur leurs aires et sachant se battre pour défendre leurs récoltes contre les voleurs et les pillards, forment naturellement d'excellents soldats.

La population européenne totale de l'Algérie et de la Tunisie s'élève actuellement, en prenant pour base le recensement de 1896, à environ 600.000 âmes. En comprenant les jeunes gens et les hommes faits de 17 à 55 ans, il ne nous semble pas exagéré d'estimer à 80.000 les hommes en état de porter les armes. Si nous défalquons de ce chiffre environ 35.000 réservistes et territoriaux affectés aux corps actifs et aux corps territoriaux, il restera de 40 à 50.000 colons combattants disponibles.

Dans ces chiffres, nous faisons entrer en ligne de compte les 250.000 Européens d'origines diverses non naturalisés. En échange de l'hospitalité qui leur est généreusement accordée dans un pays où les contribuables français font tous les frais pour leur établissement (1), le devoir doit leur être imposé de concourir, comme les colons français, à la défense contre l'insurrection de la terre qu'ils habitent. Nul Européen d'origine habitant le pays ne doit pouvoir se soustraire à ce devoir, parce que tous doivent être considérés comme intéressés, quoique à des

---

(1) Par une inexplicable lacune de notre législation, le fisc n'a pas le droit de percevoir de taxe sur les successions laissées par les non-naturalisés à des étrangers. Rien ne serait cependant plus juste et plus logique que de les imposer. Cette mesure, ajoutée à celle de la taxe des commerces et de vastes entreprises restées jusqu'ici exemptes de charges, assureraient à la colonie des ressources considérables qui permettraient de remanier l'impôt en déchargeant le laboureur, l'artisan, tout en augmentant ses recettes.

degrés et à des titres différents, à ce que le patri-
moine commun soit suffisamment garanti contre le
fanatisme musulman, qui ferait, en cas d'insuccès,
rapidement table rase de la civilisation européenne.

Au sujet des étrangers et de la colonisation, une
courte digression.

Depuis 1885, les Chambres, par des réductions suc-
cessives, ont diminué les crédits de colonisation an-
nuels de plus de 20 p. 100. Or, cette réduction est de
nature à compromettre sérieusement l'extension de la
colonisation française, qui, on le sait, est fortement
concurrencée du côté de la province d'Oran par les Espagnols continentaux, dans la province d'Alger par les
Espagnols de Mahon et dans la province de Constantine et en Tunisie par les Maltais et les Italiens. Il est
heureux, évidemment, pour les Français de la colonie, d'avoir, dans des conditions avantageuses, une
main-d'œuvre européenne susceptible de faciliter la
mise en valeur ou l'exploitation des domaines agri-
coles. Mais, au point de vue national, il importe de se
pénétrer de ce fait qu'il n'y a en Algérie et en Tunisie
que 325.000 Français à côté de 270.000 étrangers et
plus de 4 millions d'indigènes.

Ces étrangers, ou du moins leurs fils, deviennent,
de par la loi, soldats et citoyens français. Seulement,
leurs traditions de famille ne disparaissent pas pour
cela. S'ils oublient quelque peu leur patrie d'origine,
c'est à l'Algérie, bien plus qu'à la France, qu'ils font
le sacrifice de leur nationalité. C'est ainsi que l'on
voit, d'année en année, se former des embryons d'une
sorte de nationalité algérienne qui, plus tard, pourra
être la source de très sérieuses difficultés si le sang

d'origine française n'a pas, dans la population, une prééminence considérable.

Il faut donc implanter dans la colonie une population française pouvant faire compensation à l'élément européen étranger et à l'élément indigène. Et comment faut-il l'implanter? En augmentant les crédits de colonisation et non en les diminuant. Le maréchal Bugeaud, le maître en matière algérienne, disait dans son livre *La Colonisation en Algérie* : « La colonisation la plus fortement constituée et la plus rapide, quelle que soit la somme qu'elle coûtera, sera de beaucoup la plus économique et la plus politique. »

Assurément, il ne saurait être question, l'expérience l'a prouvé surabondamment, de coloniser avec les seules ressources, toujours forcément limitées, que l'Etat peut mettre à la disposition des émigrants français. On ne colonisera réellement qu'avec des colons pourvus d'un capital de premier établissement, gros ou petit, mais à eux, qu'ils risquent dans l'entreprise. Car le ressort et l'entrain qui conduisent au succès ne se trouvent que si l'on a quelque chose au jeu. Mais l'Etat doit employer le plus d'argent possible à créer les éléments essentiels de l'outillage commun : voies de communication, adductions d'eau, ports, etc.

La population algérienne est vigoureuse, chasse et monte à cheval; elle compte un grand nombre d'anciens soldats d'Afrique. Or, d'après l'article 81 de la loi du 15 juillet 1889 sur le recrutement, les hommes valides de l'Algérie et des colonies ayant terminé leurs vingt-cinq années de service sont versés dans la réserve de l'armée territoriale. Nous pouvons donc disposer en entier de tous les Français valides non affectés à des corps actifs ou territoriaux. Quant aux étrangers, le service pour la défense de leurs foyers, en cas d'insurrection, doit leur être imposé par une loi.

Au milieu d'une population indigène guerrière, fanatique et prompte à recourir aux armes, il serait de la dernière imprudence de négliger l'appoint qu'apporteraient à la défense de la colonie ces 50.000 combattants. « Le colon africain, disait le maréchal Bugeaud, ne devra jamais laisser rouiller son fusil ; il le tiendra toujours prêt à faire feu et s'en servira avec adresse. » Pour cela, il est nécessaire d'organiser militairement, sous une dénomination quelconque, garde ou milice algérienne, la population mâle dégagée des obligations militaires, et de lui donner l'instruction militaire indispensable, bornée au maniement des armes, au tir à la cible, aux quelques mouvements indispensables de l'ordre serré, au combat en tirailleurs et à quelques notions sur la manière de combattre les indigènes.

L'instruction peut être donnée sans entraver les occupations habituelles des colons, en leur demandant quelques heures des dimanches et jours de fêtes. Les pompiers de chaque commune ne se réunissent-ils pas périodiquement pour se mettre en mesure de défendre leurs toits contre l'incendie ? De même, les colons seraient dressés fréquemment à la défense de leur centre, c'est-à-dire de leur bien, de leur foyer.

Evidemment, il serait plus agréable de n'avoir aucun devoir militaire à remplir. Mais ce serait-il prudent ? Cela est-il possible dans un pays comme l'Algérie, où il faut toujours être sur ses gardes et prêt à tout événement? Ne faut-il pas savoir faire quelques sacrifices de temps pour assurer son existence même? Le colon doit en être bien pénétré : il s'agit d'être ou de n'être pas. Il n'y a pas d'autre alternative.

Chaque colon milicien devrait connaître son poste de combat. Le groupe de chaque centre devrait être accoutumé à des mobilisations instantanées, sorte de branle-bas de combat comprenant l'armement et l'occupation des ouvrages de défense. Quand toutes ces mesures auront été prises, que chacun sera fixé sur son rôle au combat et en état de le remplir, nous n'aurons plus rien à redouter pour la sécurité de nos centres de population dégarnis de troupes.

Mais il faudrait éviter de copier, de suivre des errements routiniers; les principes de formations bons en France doivent être rejetés.

L'armée territoriale n'a pas d'officiers généraux à elle; elle obéit à ceux de l'armée active, seule chargée de conduire les opérations de guerre et les sièges. La milice algérienne n'aurait pas d'officiers supérieurs; elle serait placée sous les ordres d'officiers supérieurs et de capitaines de l'armée ou en sortant, parce qu'en Algérie il n'est pas nécessaire d'être officier général pour opérer isolément.

En règle générale, les groupes des différents centres seraient indépendants les uns des autres, excepté ceux des annexes trop peu peuplées pour se défendre seuls et sans le secours des autres. Cette mesure nous semble imposée par le caractère tout à fait local du service des milices, qui ne fourniraient des fractions de marche que dans les villes importantes où le nombre des miliciens dépasserait les

·besoins de la défense. Ces fractions de marche pourraient être utilement échelonnées le long des lignes ferrées, afin de permettre aux troupes actives de pénétrer sans encombre dans les régions où l'insurrection menacerait d'éclater.

Le temps du service armé pendant la durée de l'état de guerre serait réglé par décision du gouverneur ; il compterait comme service militaire, avec bénéfice de campagne dans certains cas, et donnerait droit, pendant sa durée, à la solde et aux vivres. L'état de guerre pourrait même n'être déclaré que sur une partie du territoire.

La milice serait armée de fusils modèle 1874 à répétition ; ses effets d'habillement, d'équipement et son armement seraient entreposés, en temps ordinaire, dans des magasins surveillés, pour n'être mis en service que pour les exercices et les prises d'armes. Le tout serait fourni par l'Etat.

La milice serait fractionnée en demi-bataillons, compagnies et même en sections, lorsque des villages ou des groupes de hameaux ne pourraient en fournir qu'une et si elle était suffisante pour la défense. Chaque compagnie comprendrait quelques canonniers pour le service des pièces et, la chose est possible, quelques cavaliers bien montés et bien équipés, pour le service d'éclaireur ou d'estafette. Des capitaines seraient placés à la tête des demi-bataillons, des lieutenants et des sous-lieutenants à la tête des compagnies et des sections. Les officiers seraient choisis dans les mêmes conditions que ceux de l'armée territoriale, c'est-à-dire parmi les anciens officiers et sous-officiers de l'armée active. Tous les centres à deux demi-bataillons seraient, pendant l'état de guerre, commandés par des officiers supérieurs ou des capitaines de l'armée active ou des officiers retraités. Dans les centres plus importants, le commandant du corps d'armée nommerait aux fonctions de commandant militaire des officiers de l'armée.

Tel est, rapidement esquissé, le système qui semble devoir assurer la défense locale de tous les centres de population d'Algérie et de Tunisie contre l'insurrection.

Si, malgré les enseignements de l'histoire, la plus grande partie de l'armée d'Afrique était enlevée à la colonie au moment d'une guerre européenne, des bruits fâcheux pour notre domination se répandraient aussitôt dans les milieux indigènes : ils trouveraient des échos partout. La révolte éclaterait peut-être sur certains points et pourrait même s'étendre de proche en proche. Des centres de colonisation seraient alors certainement attaqués, mais dans des conditions de force et de résistance tout autres que par le passé : les colons recevraient l'ennemi le fusil à répétition au poing, derrière des parapets garnis de canons. Etonnés et repoussés, l'ardeur belliqueuse des insurgés se calmerait vite; et on arriverait à se tirer de la situation au moyen d'un *modus vivendi* qui durerait jusqu'à ce qu'un événement nouveau vînt tout remettre en question.

IIIᵉ PARTIE

ARMÉE D'AFRIQUE

Constitution générale et répartition.

En Algérie, plus que partout ailleurs, la défensive est entourée de difficultés, voire même d'impossibilités. Il ne suffit pas que la population européenne puisse se défendre chez elle sans le secours des troupes, il faut encore et surtout être en mesure de prendre à tout instant l'offensive; il faut pouvoir, par la mort de ses guerriers, l'enlèvement de ses troupeaux, la ruine de ses biens, ôter pour longtemps à l'ennemi l'envie de reprendre les armes. De là le besoin d'une armée de campagne. Cette armée existe, elle est sur place : c'est l'armée d'Afrique. Mais, nous le répétons, l'enlèvement à la colonie, en cas de guerre sur le continent, d'une partie de cette armée est prévu.

Nous avons déjà fait entrevoir les dangers auxquels l'exécution de cette mesure exposerait l'Algérie, les complications et les responsabilités qui en résulteraient pour la marine, les risques de la traversée pour les convoyeurs comme pour les convoyés, etc.

Dans l'élaboration de cette partie de notre plan de mobilisation, on semble avoir perdu de vue les sujétions spéciales que la possession d'une colonie de l'importance de l'Algérie-Tunisie, et située géographiquement comme elle, nous impose. Et, cependant, il est universellement admis que sa perte serait irréparable pour nous.

Considérée comme un cas particulier de la défense nationale, la défense de l'Algérie doit être organisée fortement en tout temps et ne pas dépendre des hasards de la mer ou du caprice des événements. L'Algérie, *pays d'occupation nécessaire et non pas simplement de garnison,* doit avoir dès le temps de paix, et sans qu'elle puisse jamais en être distraite pour des nécessités extérieures à la colonie, une armée spéciale, lui appartenant en propre et capable de parer à toutes les éventualités.

Affectée exclusivement à l'Algérie, l'armée actuelle serait trop nombreuse; elle n'est pas organisée en vue de sa fonction spéciale; il y a chez elle superfétation de personnel dans les divers états-majors et services et dans l'administration. En renvoyer les bouches inutiles, la ramener à la simplicité et, surtout, à la mobilité, *condition essentielle du succès en pays arabe;* adapter son organisation au pays et à la guerre d'Afrique; répartir plus judicieusement ses éléments sur la surface du territoire, serait lui assurer une puissance qui permettrait d'en diminuer l'effectif.

En France, l'armée est fractionnée en corps d'armée, en divisions et brigades pour répondre aux conditions de la guerre d'Europe. En Algérie, ce fractionnement est illogique. Le Tell, sa place d'armes, doit être gardé par la masse principale de ses troupes, formant en quelque sorte réserve. Dans l'intérieur et dans le Sud — régions des prises d'armes ino-

pinées où il faut être en mesure d'agir vigoureuse-
ment au premier indice de révolte — de simples petites
colonnes mobiles, très mobiles, comme l'est l'adversaire, suffiraient : véritables avant-gardes, elles
assureraient la sécurité dans la zone de colonisation.

Dans le Tell, les populations sont en partie sédentaires; elles peuvent être frappées à jour et à heure
fixes. Les nomades de cette région n'ont qu'un champ
de parcours assez limité, car ils se risquent rarement
à pénétrer dans le Sahara, où la trahison, la soif, la
faim, la ruine les atteindraient sûrement.

Sur les hauts plateaux et surtout dans le Sud, les
intérêts sont presque aussi difficiles à saisir que les
cavaliers; ils sont éparpillés partout et toujours en
mouvement. Ce n'est qu'en se subdivisant, en se frac-
tionnant sur toute la surface du pays en portions capables de vaincre tous les rassemblements ennemis
que l'on peut atteindre les intérêts et dominer les
hommes. Une mobilité exceptionnelle de ces colonnes
et leur répartition judicieuse sur le territoire sont
donc indispensables dans cette guerre, au sujet de
laquelle on a dit, avec raison, que « la difficulté n'était
pas de vaincre l'ennemi, mais de le joindre ».

Le secret des opérations ne peut qu'être très difficilement gardé au milieu de populations sans cesse sur
le qui-vive et sachant toujours conserver le contact avec l'adversaire. Il faut donc suppléer par la
promptitude du mouvement au secret de la marche.

Jusqu'à l'insurrection de 1881, ce système de mobilité et de répartition n'a été qu'imparfaitement suivi.
On se contentait, en général, de rester sur une défensive plus ou moins active dans un pays où l'offensive

seule conduit à des résultats (1). Quand on se décidait à agir, on concentrait des troupes en un ou plusieurs points; mais la lenteur des rassemblements, toujours considérée comme de l'impuissance par les indigènes, leur laissait le temps de s'organiser, de multiplier leurs moyens de résistance.

Les mêmes faits se reproduisent invariablement au début de toutes les expéditions :

Les troupes sont immobilisés pendant longtemps, n'agissent pas, s'usent à ne rien faire; on ne va pas au point essentiel. Puis, tout à coup, il surgit une série de bagarres, et alors on s'émeut, on veut courir dans toutes les directions à la fois, mettre de tous côtés des troupes en route : on les abîme de fatigue, et l'on n'obtient aucun résultat.

C'est toujours le manque des moyens de transport qui est la pierre d'achoppement de toutes les expéditions. C'est un fait connu, rebattu, et il est probable qu'il en sera toujours ainsi (2).

Dans le but d'obvier à ces inconvénients, on a organisé, en certains points stratégiques du Sud, des colonnes permanentes toujours prêtes à marcher. Malheureusement, pour les moyens de transport, ces colonnes restent toujours, en partie tout au moins, tributaires de l'élément indigène, qui, pour une raison ou pour une autre, peut ne pas répondre aux réquisitions d'animaux et de conducteurs.

La mobilité de ces colonnes dépend donc d'une manière très étroite de la libre disposition de moyens

---

(1) Le colonel de Négrier, aujourd'hui général inspecteur d'armée, sut imprimer à ses colonnes du Sud oranais une rapidité de mouvement inusitée, qui lui assura le succès. Les principes qu'il a posés et les règles qu'il a tracées, en 1881, pour la conduite des colonnes et la tactique à employer dans le Sud, sont passés, depuis, à l'état de doctrine dans l'armée d'Afrique.

(2) Général Philebert, *La 6ᵉ Brigade en Tunisie.*

de transport permanents. Or, la mobilité est la première condition de domination dans le Sud.

L'ennemi étant nomade, presque insaisissable, il y a lieu de
tenir compte de la rapidité de sa marche et de l'espace dans
lequel il se meut. Les colonnes expéditionnaires devront donc
être très légères et très rapides. Elles pourront être beaucoup
moins fortes qu'en Kabylie, puisque le terrain est facile ; mais
elles devront être en plus grand nombre, afin de pouvoir com-
biner leurs mouvements tout en se prêtant un appui réci-
proque (1).

Il résulte de ces principes, formulés par un officier à
qui de nombreuses campagnes en Afrique donnent une
autorité particulière, que la mobilité de la colonne
doit primer la considération de nombre et de force.

Dès lors, il semblerait que, pour atteindre les nomades dans le Sud, il suffirait de lancer contre eux
de fortes colonnes de cavalerie légère. Il n'en est
rien cependant, parce qu'il leur faut emporter une
grande quantité d'orge pour se nourrir, c'est-à-dire
avoir un convoi. Or, un convoi fait perdre à la cavalerie la plus grande partie de sa mobilité. En outre,
les cavaliers arabes n'hésitent pas à se mesurer avec
elle, et non toujours sans succès ; et, comme ils sont
généralement appuyés par de nombreux fantassins,
notre cavalerie, elle aussi, a besoin d'être soutenue
par de l'infanterie. L'infanterie constitue donc, dans
ces colonnes comme partout, l'arme principale ;
l'action de la cavalerie est limitée, puisqu'elle doit
toujours marcher avec cette dernière : « L'infanterie
est le cœur et la tête des colonnes, tandis que la cava-

_____

(1) *Etude sur la guerre en Afrique*, par Félix Hervé, chef de bataillon au 3ᵉ zouaves, 1875 (aujourd'hui général inspecteur d'armée).

lerie et les fantassins montés par exception fonction-
nent comme ses bras (1). »

« Les colonnes du Sud, dit le général Hervé,
doivent être moins fortes qu'en Kabylie, mais plus
nombreuses ». Or, « dans nos guerres d'Afrique, on
a trop souvent eu la manie des lourdes et fortes
colonnes, parce qu'on ne voulait pas faire marcher
des généraux avec 1.000 ou 1.200 hommes (2) ». Et,
cependant, l'histoire démontre bien que deux ou trois
petites colonnes, composées des trois armes, ont toujours fait plus de besogne qu'une grosse.

Nous avons vu, en 1864 et 1865, jusqu'à 5.000 baïonnettes,
800 sabres réunis et 4.000 chameaux porteurs de vivres. Où
voulez-vous faire boire tout ce monde et qu'en faire ? Ces
masses énormes, que l'on ne sait comment traîner après soi,
sont, forcément, au bout de quelque temps, échelonnées le
long des chemins, et l'on arrive, comme M. le général Deligny,
à n'avoir que quelques cavaliers quand on aborde l'ennemi.
Laissons ce funeste système et revenons au bon vieux temps
où le commandant du Barail et le commandant Pein, de glorieuse mémoire, et autres, soumettaient le Sahara, le parcou-
raient et y faisaient la loi avec 250 à 300 baïonnettes ; s'ils l'ont
fait, nous pouvons le faire, d'autant plus qu'ils n'avaient pas le
chassepot qui multiplie notre force au moins par dix (3).

Pour y réussir, « il suffit d'avoir de la confiance en
soi, de la confiance en ses soldats, de la confiance
dans la supériorité de notre armement, de la confiance en l'irrésistibilité de la tactique civilisée en face
du désordre de populations encore primitives » (4).

Les colonnes de 1.000 à 1.200 hommes au maxi-

---

(1) Colonel Laure, *Expéditions en Algérie*.
(2) Colonel Pein.
(3) Colonel Philebert, ouvrage cité.
(4) Général du Barail, ouvrage cité.

mum, comprenant de 100 à 150 chevaux et une ou deux sections d'artillerie de montagne, suffiront dans le Sud, partout et pour tous les cas. Le maréchal Bugeaud, qui en lança jusqu'à quatorze à la fois, ne réussit pas toujours à leur donner à toutes un effectif aussi élevé. Cependant, nous nous trouvions alors dans des conditions extrêmement difficiles : nos villes du Tell étaient attaquées, notre autorité était partout méconnue, les ennemis sortaient de terre comme les soldats de Cadmus, notre armement n'était guère supérieur au leur.

Nous sommes si bien outillés aujourd'hui pour la répression que l'Algérie n'a pas à craindre le retour d'aussi difficiles conjonctures. L'expérience a démontré surabondamment qu'un emploi intelligent de nos troupes et de sages dispositions prises d'avance peuvent faire avorter toute tentative de soulèvement.

Ces dispositions consistent à occuper le Sud au moyen de petites colonnes mobiles permanentes disséminées d'une manière rationnelle et possédant, en tout temps et en propre, des moyens de transport permettant leur mise en route à tout moment. En d'autres termes, il faut créer ce que le maréchal Bugeaud a appelé des « postes agissants » :

En se mouvant avec des forces suffisantes, on commande sur un rayon de 25 à 30 lieues, tandis que le poste sédentaire ne commande qu'à 200 ou 300 mètres. Puis, les Arabes traduisent l'inaction par la timidité, car, avec eux, plus la force est agissante, plus le respect augmente (1).

C'est dans cet ordre d'idées qu'au début de notre

---

(1) Maréchal Bugeaud, ouvrage cité.

occupation de la Tunisie on avait créé des compagnies mixtes constituées avec deux ou trois armes. Ces compagnies étaient en mesure de partir sur l'heure et d'apparaître subitement au milieu des tribus rebelles ou soupçonnées d'hostilité. Cette organisation était parfaitement appropriée au pays et aux circonstances; la méfiance envers les commandants de compagnie, injustement soupçonnés de tendance à l'indépendance, a pu seule en expliquer la suppression.

Les colonnes mobiles devraient être formées d'éléments analogues à ces compagnies mixtes, à raison de trois pour chacune d'elles. L'effectif de chaque compagnie mixte serait de 300 hommes, pour les deux tiers au moins indigènes, se décomposant ainsi : 240 fantassins, 40 cavaliers, et une pièce de montagne servie exclusivement par des Français.

Dans l'état actuel de l'armement des nomades, on peut admettre qu'une compagnie de 200 à 250 fusils à tir rapide est une force suffisante pour résister, en plaine, aux contingents arabes (1). En effet, par des salves bien réglées et bien dirigées, ces 200 fusils peuvent en une minute couvrir de plus de 2.000 projectiles tout le terrain d'une charge. Beaucoup de cavaliers seront anéantis et on rompra complètement l'élan des autres avant qu'ils aient pu entamer leur

---

(1) « Le combat a encore prouvé aux Arabes et aux Kabyles qu'une poignée de Français, n'ayant pour auxiliaires que l'honneur national et une bonne organisation, pouvait impunément traverser les pays les plus difficiles sans être arrêtée par l'attaque de hordes insurgées maîtresses des positions et de l'initiative des mouvements. » (*Campagnes d'Afrique*, capitaine Cler, 16 mai 1845.)

adversaire. Si donc une compagnie de cet effectif peut être considérée, dans la plupart des cas, comme une unité tactique suffisante (1), trois de ces compagnies réunies et bien commandées formeront un groupe irréductible pour les Arabes.

L'organisation de la colonne mobile serait donc telle que chacune de ses parties, ou chaque compagnie, comprendrait tous les éléments tactiques lui permettant de mener à bien toute mission en rapport avec son effectif. C'est le principe divisionnaire appliqué à une unité très petite, mais suffisante pour agir isolément dans cette guerre spéciale.

La cavalerie est indispensable à la compagnie pour s'éclairer pendant ses marches.

L'importance de l'artillerie dans les luttes contre les Arabes n'est plus à démontrer. Tant par son effet moral que par sa puissance de destruction à longue distance, elle constitue un appoint de force considérable pour toute troupe numériquement inférieure aux indigènes. Il semble donc logique de doter chaque compagnie d'une pièce de montagne, soit trois pièces par colonne.

Chaque compagnie serait commandée par un capi-

---

(1) « Ce ne sont pas toujours les gros bataillons les meilleurs, quoique Dieu, dit-on, soit pour eux. Je me suis rappelé la retraite de Constantine, où celui dont je faisais partie, et qui s'y est immortalisé, n'avait que 360 hommes, et j'ai bien juré de faire avec mes 200 ce que 700 auraient pu faire si l'occasion était favorable. » (*Campagnes d'Afrique*, chef de bataillon Forey, 12 octobre 1841.)

« Nos ennemis dans ce pays, mon Général, ne sont ni Russes ni Prussiens; avec un peu d'activité et quelque connaissance de cette guerre de guérillas, il ne m'a pas été difficile d'obtenir quelques petits succès, qui ont suffi pour amener la pacification à peu près totale du cercle confié à mon gouvernement. » (*Campagnes d'Afrique*, lieutenant-colonel Canrobert, 4 janvier 1846.)

taine jeune, vigoureux, intelligent, connaissant bien les choses d'Afrique et ayant fait un stage préalable dans le service des affaires indigènes. Le commandement de chaque colonne serait exercé par l'officier supérieur des affaires arabes commandant supérieur du cercle.

Peu importe l'arme d'origine du capitaine commandant : l'essentiel est qu'il soit bien choisi. En effet, muni de pouvoirs suffisants pour agir, ne pouvant être tenu au bout d'un fil télégraphique, il peut être amené, dans ces postes éloignés, à prendre une décision prompte ; il importe donc qu'il en saisisse toute l'importance. Isolé, livré à lui-même, il lui faut nécessairement être au courant des affaires du pays, des mœurs, des coutumes et de la langue des indigènes ; il faut qu'il soit peu susceptible d'entraînement, car il sera appelé souvent à faire œuvre politique autant que militaire. Expérience, sagesse, prudence, habileté, alliées à une activité incessante, à une énergie et à une vigueur de tous les instants, tel est l'ensemble de qualités souvent fort rares que devraient posséder les officiers appelés au commandement des compagnies mixtes.

Chaque compagnie serait chargée d'assurer la sécurité de la portion du territoire entourant son poste d'attache.

Pendant l'hiver, qui équivaut en Algérie au printemps d'Europe, chaque compagnie, puis chaque colonne parcourrait dans tous les sens sa zone respective. Toutes profiteraient de ces pérégrinations pour construire aux points importants de petits camps retranchés, l'expérience ayant démontré que ces sortes d'ouvrages nous sont fort utiles en temps d'insurrection et ne nous imposent pas l'obligation de les occuper d'une manière permanente, puisque les Arabes non seulement ne savent pas s'en servir, mais ne se donnent pas même la peine de les détruire. Aux grandes chaleurs, chaque élément rentrerait dans son poste d'attache. Ce serait le meilleur moyen de donner aux populations indigènes une idée précise de la puissance de nos moyens de répression et de prévenir toute velléité d'agitation.

Les postes d'attache étant répartis suivant les nécessités stratégiques, au premier symptôme d'insurrection, les compagnies de la colonne locale se transporteraient sur le théâtre de l'effervescence; au besoin, le général commandant la province donnerait aux deux colonnes adjacentes l'ordre de se rallier à la première. On aurait ainsi sous la main, au premier moment, 2 à 3.000 hommes de toutes armes. En présence d'une telle force, non seulement une insurrection ne saurait se propager, mais elle serait sur-le-champ étouffée dans l'œuf; car, avec l'indigène, il faut agir vite et ferme; toute temporisation au moment où l'agitation commence est coupable, et la diplomatie avec des gens très fins et sans loi devient alors une duperie.

. Ce système de petites colonnes intelligemment réparties et intelligemment commandées supprimerait tout danger d'insurrection sérieuse. Ce serait l'application du principe des « postes agissants » préconisés par le maréchal Bugeaud.

L'effectif de ces compagnies en infanterie, cavalerie, artillerie, chevaux et animaux de transport devrait toujours être maintenu au grand complet. Les rations seraient perçues en argent pour tout le personnel et les animaux, une troupe, quoi qu'on en ait dit, pouvant vivre partout sur le pays, même dans le Sud. De plus, chaque poste devrait être pourvu d'une réserve d'approvisionnements de toute nature, pour une durée de six mois au moins.

Pour mettre les postes d'attache à l'abri de toute surprise pendant les absences des compagnies, il serait nécessaire de les organiser défensivement à peu près ainsi : un baraquement pour la troupe, entouré d'un mur crénelé ou même d'un simple retranchement couvert de fils de fer; dans l'intérieur, un réduit formé d'un blockhaus en maçonnerie pouvant éventuellement servir de refuge à une cinquantaine d'hommes et contenant les magasins, puits ou citerne, fours, logements des officiers, etc. Le blockhaus serait crénelé et armé sur sa plate-forme d'une ou de deux pièces d'artillerie très légères, d'ancien modèle, se chargeant par la bouche.

Ces travaux occasionneraient évidemment des dépenses; mais elles seraient relativement peu élevées si l'exécution des terrassements et des maçonneries était laissée aux compagnies. Disposant de la main-d'œuvre de leurs hommes, elles produiraient, avec 20.000 francs, au moins pour 100.000 francs de travaux au tarif habituel. Le génie n'aurait qu'à fournir le bois, le fer et, dans certains cas seulement, la tuile. Tous ceux qui, en Algérie ou en Tunisie, ont vu avec quelles faibles ressources les troupes ont fait certains travaux partageront notre avis (1). Les dépenses à

---

(1) « C'est en employant les troupes à ces divers travaux qu'il a été

imputer au Trésor pourraient même être réduites à des chiffres presque insignifiants comparativement aux résultats si, comme cela se pratique dans les smalas de spahis, les commandants de ces compagnies étaient autorisés à cultiver en céréales les abords de leur poste (1).

De même que le fanatisme religieux augmente directement avec l'éloignement de la Mecque, de même on a remarqué, fort justement, que l'intensité de l'énergie guerrière des indigènes du Nord de l'Afrique et leur résistance à l'action européenne allaient en augmentant, d'une manière constante, de l'est à l'ouest, de l'Egypte au Maroc. Ainsi, en Tunisie, quelques garnisons françaises suffisent pour maintenir dans l'obéissance et dans l'ordre des populations qui présentent un caractère moins belliqueux que celles de l'Algérie et surtout celles de la frontière marocaine.

Cette considération et les conditions topographiques, nous ont fait admettre, comme suffisantes pour maintenir la paix dans le Sud, douze colonnes mobiles de trois compagnies mixtes chacune. Ces

---

possible de faire face à tant de besoins. La main-d'œuvre a été, de cette manière, peu coûteuse; mais la faiblesse relative des allocations budgétaires a souvent obligé de ne faire que du provisoire, ce qui finit par être fort cher. Ensuite, l'expérience a prouvé que les ingénieurs militaires sont loin d'être d'habiles et économes constructeurs. Comme ils possèdent une grande théorie, ils finissent bien par se former, mais leur apprentissage est ruineux pour l'Etat : les exemples à cet égard abondent en Algérie. Ce n'est que dans les travaux de fortification que les officiers du génie sont dans leur rôle. » (*Annales algériennes*, t. III, p. 235.)

(1) Des mesures pour entretenir l'activité des hommes s'imposeront de toute façon, dans un pays où l'oisiveté et l'ennui sont les plus grandes causes de maladies.

colonnes seraient réparties suivant une densité dé-
croissante de la frontière du Maroc au sud de Zarzis,
savoir : cinq dans la province d'Oran, trois dans celle
d'Alger, deux dans celle de Constantine et deux en
Tunisie.

Avec un semblable réseau d'avant-postes mobiles,
la colonisation pourrait prospérer à l'aise et sans
crainte dans le Tell.

Pour le Sahara, nous avons fait ressortir, page 88,
la nécessité de porter à cinq le nombre des escadrons
de meharistes.

Si la création de meharistes n'a pas, jusqu'à présent, rendu tous les services qu'on en pouvait
attendre, la faute n'en est pas à l'institution même,
mais aux dispositions restrictives qui l'ont réduite
au rôle de simple corps d'infanterie chargé seulement d'un service de pâturages. Le rayon d'action de
cette troupe, qui ne pouvait avoir son effet utile
qu'en opérant à de grandes distances, a été limité au
point que ses chameaux ne peuvent même pas toujours être conduits dans les pâturages favorables.
Qu'arrive-t-il ? C'est que tous les forbans du Sahara,
Châanbâa et autres, razzient à qui mieux mieux.

L'expérience a cependant démontré l'extrême
facilité que présente l'emploi du mehari ; elle a
prouvé aussi que la police de la région confinant à
l'Algérie pouvait être assurée d'une façon absolue
avec des meharistes suffisamment nombreux. D'un
autre côté, le prix de revient du mehari est faible et
sa nourriture ne coûte rien.

Les circonstances présentes et notre œuvre de
pénétration saharienne nous imposent l'obligation

d'appuyer ce « camel-corps » par une infanterie spéciale, pourvue de dromadaires à raison de un pour deux fantassins. Deux bataillons de tirailleurs sahariens, pourvus chacun de deux sections d'artillerie de montagne, nous paraissent pouvoir remplir ce but.

Il y aurait donc un réel avantage à former, avec des meharistes et des fantassins spéciaux, en quelque sorte montés, les garnisons de nos postes et de nos forts sahariens, qui, dans l'état actuel des choses, sont pour ainsi dire inutiles, puisqu'ils ne peuvent exercer aucune action au delà de quelques centaines de mètres de leurs enceintes.

Il ressort de l'examen des conditions topographiques du pays et de la situation des parcours des nomades à chameaux, que la répartition des cinq escadrons pourrait être fixée ainsi qu'il suit : un escadron à El-Goléa; un escadron par moitié à Touggourt et à Ghardaïa; un escadron par moitié à El-Oued, pour surveiller le Souf, et à Douirat, au sud de la Tunisie, afin de surveiller les nomades de la Tripolitaine et les Touareg; enfin, deux escadrons à Ouargla, avec détachements dans les forts sahariens. Quant à la région méridionale de la province d'Oran s'étendant vers le Touat, où le sol pierreux expose les chameaux à des blessures aux pieds, c'est à la cavalerie seulement que peut incomber sa police; et, pour la faire utilement, elle devrait avoir son centre de garnison à El-Abiod-Sidi-Cheikh (1).

Les deux bataillons de tirailleurs sahariens, avec leur artillerie, occuperaient de même les localités pré-

---

(1) Si ce point avait été occupé sérieusement dès 1860, les sanglantes insurrections de 1864 et de 1881 eussent peut-être été empêchées.

citées et détacheraient des fractions plus ou moins importantes dans les forts.

Chaque escadron de meharistes serait pourvu d'une pièce très légère à tir rapide.

Cette organisation permettrait de faire garder le Sud et le Sahara par des troupes spéciales, entraînées et acclimatées.

L'histoire démontre que, sous les diverses dominations qui se sont succédé en Algérie, jamais une insurrection n'est venue soit du Tell, soit des Kabylies ; s'il y en a eu quelques-unes dans ces dernières régions, elles ont été toutes locales ; jamais elles ne se sont propagées, et leur action a été restreinte. La sécurité de la partie nord de la colonie et la défense des côtes contre des tentatives de débarquement nous paraissent donc largement assurées avec les troupes combattantes suivantes, à condition de les laisser en tout temps à l'Algérie :

4 régiments de zouaves à trois bataillons ;

4 régiments de tirailleurs à trois bataillons ;

2 régiments étrangers ;

5 bataillons d'infanterie légère d'Afrique ;

4 compagnies de discipline ;

4 régiments de chasseurs d'Afrique à quatre escadrons ;

10 escadrons de spahis (deux par province et quatre pour la Tunisie) ;

1 régiment d'artillerie à quatre batteries montées et huit batteries de montagne ;

1 bataillon d'artillerie à pied à six batteries ;

3 compagnies du génie dont une de pontonniers ;

4 compagnies du train des équipages.

A ces troupes actives, il convient d'ajouter celles de l'armée territoriale d'Afrique, savoir :

10 bataillons de zouaves ;

3 compagnies de douaniers ;

6 escadrons de chasseurs d'Afrique ;

3 escadrons de chasseurs forestiers ;

2 pelotons de douaniers à cheval ;

13 batteries d'artillerie à pied.

En cas de conflagration générale, la région tellienne, à elle seule, serait occupée par plus de 80.000 hommes susceptibles de prendre la campagne et d'être dirigés rapidement, par les voies ferrées, vers l'un ou l'autre point du territoire.

Excepté pour les deux régiments étrangers, dont le nombre d'unités et les effectifs sont subordonnés à la nécessité de fournir des troupes au Tonkin et à Madagascar, les compagnies seraient à effectif relativement faible, la réserve européenne et la réserve indigène, dont la création s'impose, permettant non seulement de porter ces unités à l'effectif de guerre, mais encore d'en créer de nouvelles.

Les régiments de zouaves et de tirailleurs seraient pourvus chacun des cadres complémentaires nécessaires pour encadrer les milices et les réserves indigènes. Les officiers des affaires indigènes, de leur côté, pourraient être employés dans ces formations, où leur connaissance des indigènes, de leur langue et de leurs mœurs leur permettrait de rendre les plus grands services.

De même que l'infanterie, la cavalerie peut être réduite ; l'essentiel est de la maintenir, comparativement aux autres armes, dans la proportion reconnue rationelle. Le général Yusuf la fixait au quart de l'effectif; mais cette proportion a été indiquée à une époque où on rêvait d'organiser des colonnes presque exclusivement composées de cavalerie. Aujourd'hui, on admet que la proportion d'un sixième est largement suffisante, d'autant plus que l'on a toujours avec soi des goumiers pour faire le service des courriers et celui des reconnaissances éloignées.

En pays de montagne et contre les oasis, où l'on rencontre les résistances sérieuses, la cavalerie n'est que gênante; en plaine, elle est toujours inférieure en nombre à l'ennemi, parce que, à mesure qu'elle s'éloigne de l'infanterie, sa force diminue et ne se renouvelle pas, tandis que le nombre des assaillants augmente de toute part.

Maintenir la cavalerie d'Algérie sur le pied actuel, surtout après la création des 1.500 cavaliers des compagnies mixtes, serait s'exposer à voir méconnaître encore, dans la formation des colonnes, cette proportion du sixième que le bon sens et l'expérience ont consacrée. Pour la colonne du général Wimpffen, chargée, en 1870, d'aller châtier les Doui-Ménia, on était tombé dans l'extravagance : sur treize compagnies d'infanterie et trois sections d'artillerie seulement, on comptait dix-sept escadrons, plus le goum de 600 chevaux de Si Sliman-ben-Kaddour; aussi le convoi comptait-il jusqu'à 7.000 chameaux! Et — particularité à signaler — la colonne n'en était pas mieux éclairée pour cela, puisque la tribu entière des Medabîa, cachée, avec ses troupeaux, dans un ravin latéral dit *châabet-touila*, avait pu observer tranquillement, et sans être éventée, le corps expéditionnaire faisant halte à Souf-el-Kseur, d'où il se dirigea ensuite vers Aïn-Defla.

Pendant la campagne de Tunisie, on est retombé dans une erreur analogue, en bondant les colonnes de régiments de cavalerie, amenés à grands frais de France et qui n'eurent point, comme cela était facile à prévoir, à combattre. Non seulement le budget eut à souffrir de cette faute d'organisation, mais ces corps alourdirent démesurément les colonnes par l'immense convoi nécessaire à leur approvisionnement.

La réduction du corps des spahis, dont l'entretien est fort coûteux, s'impose également. Nous ne proposons pas, sans y avoir réfléchi, qu'on se prive des services d'hommes très braves, mais 250 irréguliers par province rendraient les services que rendent les spahis. Pendant longtemps, on a maintenu ceux-ci dans de ridicules idées : nous les avons improvisés « hommes de grandes tentes ». Et, cependant, ce corps, refuge présumé de l'aristocratie arabe, compte beaucoup plus de pauvres hères que de patriciens. Nous n'y trouvons nullement à redire : les tirailleurs sont tous des « meskines », tout en étant, néanmoins, d'excellents soldats. En réduisant les spahis à dix escadrons formant corps, on ferait l'économie des quatre états-majors de régiment actuels, qui, le plus souvent, constituent, à eux seuls et les quelques ouvriers du peloton hors rang, la portion centrale. Du reste, le spahi ne rend de réels services que dans son pays; ailleurs, n'importe quel bon cavalier indigène peut le remplacer.

L'artillerie de l'armée d'Afrique est formée de batteries détachées de régiments de la métropole, auxquels, malgré leur éloignement permanent, elles ne cessent d'appartenir. Ce n'est pas là un des côtés les moins bizarres de notre organisation militaire. En effet, notre artillerie de France est loin de répondre aux nécessités d'une guerre en Afrique exigeant surtout, pour ne pas dire uniquement, des batteries de montagne. Ne serait-il pas, dès lors, plus rationnel d'avoir un régiment spécial d'Algérie organisé, instruit et commandé en vue de cette guerre spéciale?

En outre, pour le service des batteries de côtes, il est urgent de créer un bataillon d'artillerie à pied d'Afrique.

Une autre création nous semble fort désirable pour le Sud, celle d'une artillerie de montagne *régimentaire* de très petit calibre, commandée et servie par des officiers et des soldats d'infanterie. On supprimerait ainsi un rouage qu'il est facile de fondre dans un autre, et il serait possible de conserver disponibles dans le Tell, prêtes à tous les événements, toutes nos batteries d'artillerie.

Nous avons proposé de pourvoir chaque escadron de meharistes d'une pièce d'artillerie, si toutefois le mehari peut être employé à cet usage, car on alourdirait sans profit ces corps légers en leur donnant des mulets. Cette question de l'artillerie montée sur des chameaux mérite d'être étudiée. Chez les Afghans, qui l'ont créée, le chameau est l'affût vivant du canon qu'il transporte sur son dos. Pour le combat, l'unique servant met pied à terre, et la bête s'accroupit pour permettre de charger, de pointer et de tirer la pièce. Mais le dromadaire africain est moins robuste que le chameau asiatique et ne peut porter plus de 150 à

200 kilos. Il faudrait donc, pour que les mehara de pièce et de caissons fussent en état de suivre partout les escadrons, adopter un modèle de canon très léger et à tir rapide ou un petit canon-revolver.

Cette organisation pourrait sembler de prime abord un peu bizarre, mais elle ne saurait l'être plus en Algérie qu'elle ne l'est dans l'Afghanistan : l'artillerie à dos d'éléphant de l'armée anglo-indienne ne paraît nullement singulière. D'ailleurs, il ne s'agit pas d'une question de bizarrerie d'aspect, mais de savoir si cette organisation est possible avec le mehari; car, pour les services que pourrait rendre dans le Sahara une artillerie volante accompagnant nos escadrons de meharistes, ils sautent aux yeux et justifieraient largement la dépense d'organisation (1).

En raison de la possibilité, en cas de guerre, d'une interruption pendant plusieurs mois des communications avec la France, l'Algérie-Tunisie devrait être pourvue en tout temps non seulement d'un armement et d'un matériel complet de rechange, mais encore de tous les établissements de réparation des engins de défense de la guerre et de la marine, d'une cartoucherie, d'un laboratoire et d'un atelier de pyrotechnie, d'une fabrique de projectiles, de biscuiteries, de fabriques de conserves, etc. (2).

En Algérie, les services accessoires ont été de tout

---

(1) Pour son expédition de Khartoum de 1898, le sirdar Kitchener avait précisément créé de ces batteries à dromadaire, qui se sont parfaitement comportées dans les routes et ont donné les meilleurs résultats dans les rencontres avec les derviches et surtout à Oumdourman.

(2) La colonie ne possède, à l'heure actuelle, aucun établissement d'artillerie qui lui permette, isolée, de soutenir la lutte; c'est là un grave danger.

temps représentés avec une profusion exagérée. Qu'il s'agisse de l'artillerie, du génie ou des services administratifs, le personnel relativement considérable qu'ils absorbent en ce moment doit être ramené au strict indispensable. Rien ne serait plus simple que de charger directement les corps de troupe, ou leurs fractions détachées, et les compagnies mixtes de la gestion des dépôts secondaires de vivres, de matériel et de munitions. Pourquoi les corps ne feraient-ils pas eux-mêmes leur pain? Leur instruction, que la guerre d'Afrique n'exige pas aussi développée que la guerre d'Europe, n'en souffrirait pas.

De tout ce qui précède il résulte pour nous la conviction qu'en assurant la défense des côtes, en fortifiant les centres de population, en pourvoyant la colonie de tous les organes de défense indispensables, en adoptant le système des petites colonnes mobiles permanentes dans le Sud, en créant une réserve indigène, en développant les moyens de communications et en rectifiant et complétant notre réseau ferré, une armée active algérienne de 40 à 45.000 hommes, auxquels viendraient s'ajouter 35 à 40.000 réservistes et territoriaux d'origine européenne et un chiffre à peu près égal de réservistes indigènes, serait largement suffisante pour parer à tous les événements intérieurs et extérieurs (1).

---

(1) « Le puissant concours que devront nous fournir plus tard les milices africaines permettra au gouvernement de diminuer considérablement l'effectif des troupes proprement dites. » — *Campagnes d'Afrique*, général de Lamoricière, 30 janvier 1846.

Effectifs proposés.

(y compris les officiers et les hommes de troupe hors rang).

1° Dans le Sahara.

5 escadrons de meharistes à 120 dromadaires chacun.........	650
2 bataillons de tirailleurs sahariens, avec 2 sections d'artillerie par bataillon...	1.650

2° Dans le Sud et sur les hauts plateaux.

Douze colonnes mobiles permanentes formées chacune de 3 compagnies mixtes (infanterie et servants d'artillerie, 260)....	9.900
Cavalerie, 40 sabres par compagnie.........................	1.600

3° Dans la région tellienne.

4 régiments de zouaves à 3 bataillons de 4 compagnies à 120 fusils...	6.400
3 régiments de tirailleurs algériens à 3 bataillons de 4 compagnies à 150 fusils......................................	6.000
1 régiment de tirailleurs tunisiens à 3 bataillons de 4 compagnies à 150 fusils.......................................	1.950
2 régiments étrangers : effectif approximatif disponible en Algérie...	4.000
5 bataillons d'Afrique de 4 compagnies à 150 fusils...........	3.250
4 compagnies de discipline à 150 fusils.....................	650
4 régiments de chasseurs d'Afrique à 4 escadrons de 120 sabres.	2.250
6 escadrons de spahis algériens à 120 sabres................	830
4 escadrons de spahis tunisiens à 120 sabres................	550
1 régiment d'artillerie à 12 batteries.......................	1.350
1 bataillon d'artillerie à pied à 6 batteries..................	700
3 compagnies du génie, dont une de pontonniers.............	400
Train des équipages et ordonnances d'officiers sans troupe....	1.000
Remonte...	200
Gendarmerie...	450
Secrétaires d'état-major et de recrutement..................	200
Télégraphistes...	200
Infirmiers et ouvriers d'administration......................	1.000
Officiers des états-majors et services particuliers.............	500
TOTAL, officiers et hommes de troupe.............	**45.700**

dont environ 20.000 originaires de la métropole.

NOTA. — Sur cet effectif, les 6 compagnies mixtes, les 3 bataillons de tirailleurs et les 4 escadrons de spahis recrutés en Tunisie en vertu de la loi beylicale sur le recrutement, soit environ 3.400 officiers et hommes et un millier de chevaux, devraient logiquement être entretenus aux frais du budget tunisien comme les troupes anglo-égyptiennes le sont aux frais du budget égyptien.

Réserves indigènes. — Goums.

Outre ces effectifs permanents et la réserve européenne, nous disposons encore sur les lieux mêmes d'une ressource précieuse dont, jusqu'à présent, nous avons eu le tort de ne tirer aucun parti : les anciens spahis et les anciens tirailleurs.

En France, dès que le soldat est suffisamment instruit, il est renvoyé dans ses foyers et classé dans la réserve pour être appelé, au jour de la mobilisation, à reprendre sa place dans le rang contre l'ennemi ; en Algérie, l'indigène, libéré après plusieurs années de service, s'en retourne dans sa tribu, complètement dégagé de toute obligation pour l'avenir. Nous perdons ainsi chaque année environ 1.200 à 1.300 (1) excellents soldats, instruits au prix des plus grands efforts et du plus grand dévouement et pour lesquels le Trésor a déboursé des sommes considérables.

De plus, nous courons le risque de voir, au jour de l'insurrection, tous ces anciens soldats se retourner contre nous et mettre à profit leur instruction militaire pour entraîner et conduire les autres indigènes. Or, leur nombre est loin d'être une quantité négligeable. M. le capitaine Salagnac, par des calculs précis, dans lesquels il a tenu compte très largement des déchets, a fixé le chiffre des anciens tirailleurs algériens qu'il nous serait possible de rappeler sous

(1) 1.050, en moyenne, rien que pour les régiments d'Algérie. (*Réserve d'ex-tirailleurs*, par Salagnac, lieutenant au 1er zouaves. — *Journal des Sciences militaires*, octobre 1893.)

les drapeaux au moment du besoin à environ 18.500.
A ce chiffre, il faut ajouter les anciens tirailleurs
tunisiens et 3 à 4.000 anciens spahis, soit au moins
25.000 combattants, *qui seront contre nous s'ils ne
sont pas avec nous.* Ce seraient alors 25.000 soldats de
moins dans nos rangs et 25.000 de plus pour l'ennemi, c'est-à-dire 50.000 hommes de plus que nécessiterait la défense de l'Algérie.

Notre intérêt nous fait donc un devoir de régler
au plus tôt cette question de l'emploi dans les réserves des anciens tirailleurs et spahis.

La population indigène, malgré l'aphorisme bien
connu que la race inférieure doit disparaître devant
la race supérieure, ne cesse de s'accroître constamment. Or, tandis que les populations des nations
voisines progressent dans des proportions inquié-
tantes, nous restons, nous Français, à peu près sta-
tionnaires. Pour rétablir l'équilibre, certains esprits
ont songé à cette population de plus de 4 millions
d'âmes, jusqu'à présent exempte du service militaire.

Mais par quel moyen faire accepter le service militaire à un peuple réfractaire à nos sollicitations, à
nos exemples, à notre système d'éducation? La
combinaison des primes d'engagement avec perspective de retraite (1) est la seule qui s'aperçoive;
mais elle conduirait à des dépenses excessives.

---

(1) Les caporaux et simples soldats indigènes devraient, dès maintenant, être mis à la retraite à quinze ans de service et les sous-officiers
à vingt ans. On ne verrait plus alors les corps indigènes encombrés de
vieux soldats attendant leurs vingt-cinq années de service ou la mé-
daille, à peu près usés et, en tous cas incapables de faire campagne.

Attendre un résultat, dans l'état actuel des choses, de l'offre de la nationalité française, serait se faire étrangement illusion.

En effet, l'indigène qui la demande ou l'accepte perd immédiatement son statut personnel, statut dont l'existence lui a été formellement garantie par les termes de la capitulation d'Alger. Or, ce statut est si intimement lié à la croyance religieuse que son abandon équivaut à une véritable apostasie, crime puni de la peine capitale par le Coran. Le musulman naturalisé Français est donc, aux yeux de ses coreligionnaires, presque un apostat : il se met volontairement en dehors de la vie de tous les siens; il renonce à son passé, renie ses coutumes, ses ancêtres; en un mot, il foule aux pieds ce qui, à son sens, est le plus précieux sur terre.

Il y a quarante ans, on eût pu sortir de cette impasse en retranchant du Code musulman toutes les dispositions contraires à nos idées et n'ayant pas un véritable caractère religieux les mettant, en quelque sorte, au rang d'articles de foi. Le Code ainsi réformé, comme il l'a été du reste, en partie, dans des pays demeurés musulmans, les indigènes auraient pu être admis à la nationalité française en conservant leur statut personnel modifié. Là était la solution relativement aisée du problème. Aujourd'hui encore, rien ne s'oppose à cette même solution, si ce n'est la crainte de paraître revenir en arrière. Mais on ne saurait, en définitive, par simple pusillanimité, reculer devant une résolution nécessaire; il faut trouver un moyen répondant aux nécessités du moment, tout en préparant les évolutions de l'avenir.

Ce moyen consiste à introduire chez les indigènes un statut personnel qui leur donnerait, non pas la naturalisation française proprement dite, mais une sorte de demi-naturalisation leur conférant certains droits et formant ainsi une catégorie particulière d'individus, distincte du reste de la masse musulmane et occupant une place intermédiaire entre les indigènes et les colons. De cette manière, on établirait comme une soudure entre les deux éléments.

Mais, pour des raisons politiques dans lesquelles nous n'avons pas à entrer, on ne veut pas, en Algérie, accorder des droits ni faire des concessions aux indigènes; c'est pour cette raison, avouons-le franchement, qu'on n'y est pas partisan des réserves indigènes.

Cependant, comme l'intérêt du pays passe avant les intérêts électoraux, il faudra bien se résoudre quand même à utiliser, dans la mesure que commande la sécurité de la colonie (1), les ressources militaires nombreuses et solides qu'offrent les tirailleurs et les spahis libérés.

M. le général Philebert, avec sa haute compétence en matière algérienne, non seulement préconise l'organisation des réserves indigènes, mais réclame encore, avec raison et depuis longtemps déjà, l'application, à la partie de l'Algérie le plus en contact avec nous, d'une loi de conscription semblable à celle qui est en vigueur en Tunisie :

Il n'y a pas de raison pour ne pas faire en Algérie ce qui se

_____

(1) L'incident de Fashoda a mis en relief quelques-unes des lacunes et des erreurs de l'organisation de notre armée d'Afrique et nous a permis d'en mesurer les dangers; puisse la leçon ne pas être perdue!

fait en Tunisie, car, si c'est possible d'un côté, cela l'est aussi de l'autre.

En admettant tous les ménagements à la loi de la conscription, les substitutions de personnes, les remplacements, etc., en établissant une proportion d'appel très douce, telle qu'un homme sur 500 âmes, par exemple, on aurait encore un contingent annuel de 5.000 hommes, et, en réduisant l'application de notre loi de recrutement sur les réserves à dix ans seulement, décomposés en trois années actives et sept dans la réserve, on obtiendrait encore un recrutement de 15.000 hommes pour les régiments actifs, et, en cas de guerre, on aurait 50.000 hommes, et 50.000 des meilleurs soldats, d'une trempe des plus énergiques et des plus solides, vraie troupe de réserve de première valeur, au soir d'une grande bataille, pour le dernier choc, le choc décisif.

Ces résultats seraient encore susceptibles de grandir au fur et à mesure que les progrès de notre installation en Algérie nous permettraient d'étendre le système à de nouvelles tribus.

Je ne me dissimule pas que bien des gens vont opposer à cette conclusion bien des difficultés. Sans doute, il y en a de nombreuses; il faut, pour arriver au résultat, bien des efforts, bien du travail et de la volonté. Mais regardez ce qui se passe en Tunisie : cela prouvera que ce n'est pas chose impossible. Regardez notre alliée la Russie; c'est son grand moyen de progrès; sitôt une population soumise, elle entre dans l'armée, y acquiert des droits, y prend le sentiment du devoir et fait partie de l'empire au même titre que le reste. Nous nous acharnons à séparer de nous les Arabes, au lieu de faire effort pour les rallier. Il est temps que cela cesse (1).

Outre les réserves indigènes, la population purement arabe présente un élément sans lequel nous ne pouvons opérer dans le Sud et même sur les Hauts-Plateaux, les goums. Non seulement ils sont indispensables pour éclairer les colonnes, mais il est des opérations de la guerre arabe que l'on ne peut confier à des soldats européens, inhabiles à distinguer les amis des ennemis.

---

(1) *France militaire*, 26 août 1896.

Jusqu'à présent, nous n'avons pas su exploiter la mine précieuse offerte par cette cavalerie incomparable comme éducation équestre et guerrière. La lutte que l'Arabe a soutenue contre nous avec tant de constance et de courage a fait disparaître l'élite de sa population chevaline; de nos jours, sa production continue à diminuer directement avec l'augmentation de la sécurité et le développement de la colonisation, qui réduit de plus en plus les pâturages. Nous sommes menacés de voir disparaître complètement la cavalerie indigène dans le Tell. Cette situation ne laisse pas d'être inquiétante pour l'avenir, et il y a lieu de s'en préoccuper sérieusement.

La compétence nous fait défaut pour traiter cette question; mais nous tenions à la signaler, en nous bornant à répéter que la cavalerie irrégulière n'a pas besoin d'être nombreuse, mais qu'avant tout elle doit être bonne.

Au lieu d'un goum de 1.500 à 2.000 cavaliers, troupe trop confuse, qui fournira d'autant plus d'espions à l'ennemi qu'elle comptera plus d'hommes, un commandant doit en prendre quelques-uns seulement dans chaque tribu, choisir les plus influents, les plus riches; dès lors, il aura dans sa main une centaine de cavaliers qui pourront lui être fort utiles (1).

---

(1) Général Yusuf, *De la guerre en Afrique.*

Remarques complémentaires.

Notre organisation présente une anomalie qu'il importe de faire disparaître : c'est l'indépendance vis-à-vis l'un de l'autre des deux commandements d'Algérie et de Tunisie. En effet, les deux pays ne sont séparés par aucun obstacle naturel, leurs populations aborigènes sont pareilles, les causes d'effervescence sont communes aux deux. Au moment d'une insurrection affectant l'un et l'autre, il pourrait y avoir divergence de vues au point de vue politique comme au point de vue de la direction des opérations.

Dans le principe, des raisons d'ordre politique — gouvernement direct de la métropole d'un côté et protectorat d'un Etat souverain de l'autre — avaient présidé à la séparation des deux commandements ; mais ces raisons ne sauraient primer l'intérêt de la défense de notre grande colonie. Le rattachement des troupes de la Tunisie au 19e corps s'impose (1).

Les grands convois sont la plaie des colonnes. Si les Arabes avaient été intelligemment conduits et avaient bien compris la guerre à nous faire, ils auraient bien plus souvent dirigé leurs attaques sur nos convois. Ceux-ci étaient composés de mulets du pays conduits

---

(1) En exécution d'un décret du 17 janvier 1899, les troupes de la Tunisie sont placées, dès le temps de paix, sous les ordres du général commandant le 19e corps d'armée.

par des indigènes, qui, à la moindre panique, cou-
paient les sangles, poussaient la charge à bas et
fuyaient dans toutes les directions.

Les petites colonnes dont nous proposons la création dispenseront de gros convois et pourront passer
partout avec facilité, si elles sont pourvues en permanence de réserves de munitions et de vivres, et
si l'on n'est pas obligé, comme dans la plupart des
insurrections, d'avoir des troupes occupées à ravitailler les postes, au lieu de l'être à frapper l'ennemi; car alors les postes sont une charge au lieu
d'être une aide. Pour que la guerre en Afrique soit
facile et peu coûteuse, il faut être prévoyant en
temps de paix.

Les chemins de fer, avons-nous dit, permettront
de transporter des troupes en quelques heures sur
n'importe quel point du territoire, soit pour parer à
une attaque venant de l'extérieur, soit pour réprimer
un soulèvement intérieur; mais il est indispensable
de s'assurer les moyens d'en faire usage, alors même
que les communications avec la métropole seraient
coupées. Parmi ces moyens, le charbon, qui ne se
rencontre pas dans les formations géologiques de
l'Algérie, est le plus important. La prudence recom-
mande donc de créer une réserve permanente de
charbon pour un trafic intense d'une durée minima
de six mois, si l'on ne veut s'exposer à ne pas pouvoir utiliser ce précieux instrument de domination.

L'entretien d'une pareille réserve de combustible

sera évidemment coûteux ; mais les intérêts garantis aux compagnies de chemins de fer de la colonie par l'Etat français ou par la Tunisie sont assez élevés pour que celles-ci puissent supporter ce sacrifice. De plus, Alger, qui est devenu depuis quelques années le plus grand de tous les ports charbonniers de la Méditerranée, offre la ressource précieuse de son stock commercial. Or, dès l'annonce d'une déclaration de guerre à la France, tout ce stock devrait pouvoir être réquisitionné par le gouverneur général pour le service des chemins de fer et de la défense maritime.

Cette question d'une réserve de charbon a pour l'Algérie, que des circonstances de guerre malheureuses et imprévues peuvent isoler de la métropole pendant plusieurs mois, une importance exceptionnelle.

Dans nos guerres d'Afrique, certains commandants de colonne ont fait preuve, vis-à-vis des tribus qui s'étaient soulevées, les uns d'une sévérité excessive, les autres d'une indulgence, d'une générosité dont nous ne tardions pas à nous repentir. « Avec les Arabes il ne faut pas de demi-mesures ; on doit toujours agir avec vigueur et énergie, et surtout leur prouver que les coupables ne sauraient espérer l'impunité (1). »

La sévérité envers les insurgés devrait toujours être poussée jusqu'à ses dernières limites. Sans

---

(1) Général Yusuf, ouvrage cité.

doute, cette sévérité ne doit pas aller jusqu'à ces regrettables exécutions sans jugement que l'on a eu à déplorer à différentes reprises, mais il faut que la justice soit prompte et le châtiment immédiat.

Actuellement, les conseils de guerre seuls ont qualité pour prononcer des condamnations à la peine de mort ; mais ces conseils sont toujours trop éloignés pour que — chose indispensable dans ce pays — les témoins de la faute puissent également être témoins de la répression. Il faudrait donc prévoir dès le temps de paix une juridiction spéciale extraordinaire.

Avec le système d'occupation réduite, chaque colonne expéditionnaire devrait comprendre une cour martiale jugeant sans appel. Les membres de cette cour, des officiers très sérieux et très énergiques, ne devraient jamais oublier que, dans la situation où se trouve la colonie, obligée de lutter avec des effectifs peu élevés, un exemple a une force morale égale à celle des baïonnettes, et que la faiblesse peut tout remettre en question.

Nous admettons, pour les indigènes soumis à nos lois et fidèles à leur parole, la plus large tolérance ; nous réclamons pour eux, dans leur vie intérieure, dans leurs habitudes, dans leurs mœurs, une liberté d'allures qu'on n'aurait pas dû restreindre. Nous désirerions qu'on les laissât vivre à l'aise et sans gêne, qu'on les laissât voyager comme il leur plairait, du moment qu'ils paient exactement leurs impôts et ne troublent pas la sécurité publique ; mais on ne saurait trop engager à se montrer d'une rigueur exemplaire à l'égard de ceux qui abusent de notre bienveillance ou qui violent la foi jurée.

A l'heure actuelle, où l'emploi dans une guerre continentale d'une bonne partie de l'armée d'Afrique est
prévu, l'instruction de ses troupes est presque exclusivement dirigée en vue de la guerre d'Europe. La
tactique enseignée et appliquée en Algérie est la tactique enseignée et pratiquée en France : ordre dispersé, grandes distances entre les échelons, emploi
des feux aux moyennes et aux grandes distances, etc.

L'ordre dispersé a été introduit dans la tactique européenne pour atténuer les effets des armes à longue
portée et à tir rapide; il est inutile de le prendre en
face d'un ennemi n'ayant que des fusils à courte portée et à chargement lent. Pour les feux, la rapidité de
chargement de notre arme nous donne une supériorité
telle sur les indigènes, qu'il y a tout intérêt à les
laisser s'approcher le plus possible et à ne commencer
à tirer qu'en deçà de 600 mètres.

De tout temps le besoin s'est fait sentir pour l'Algérie d'un traité officiel de la guerre d'Afrique et d'un
service en campagne spécial; elle les attend toujours
tous deux. En effet, nous le répétons, la guerre ne se
fait pas en Afrique comme en Europe : adversaires,
pays, ressources, viabilité, climats, tout est différent.
Il en résulte que nombre de prescriptions de notre
règlement sur le service des armées en campagne, si
elles étaient appliquées en face des populations guerrières indigènes, conduiraient vite à quelque désastre.
La disparition progressive de la tradition, conséquence d'une longue période de paix; l'obligation de

mettre les officiers de nos troupes de seconde ligne à
même d'agir utilement sur ce théâtre au moment du
besoin, tout démontre la nécessité d'un règlement spécial fixant les principes et la doctrine de la guerre
d'Afrique.

La guerre que l'on fait maintenant en Algérie est tout exceptionnelle et peut tout au plus être bonne pour ce pays ; on
ne suit aucune des règles prescrites pour la grande comme
pour la petite guerre. La discipline est très relâchée, l'instruction militaire est presque nulle ; on sait à peine marcher, et,
en voyant comme certains chefs agissent, on ne peut pas même
leur accorder le talent de guérilleros. On part du bivouac sans
savoir ce que l'on doit faire ; chaque chef de corps, en cas d'attaque, peut agir comme bon lui semble, car le général et les
chefs de colonne se tiennent à la tête et s'occupent peu de ce
qui se passe derrière eux. Que l'arrière-garde soit attaquée au
moment où elle quitte le bivouac, le commandement et la responsabilité appartiennent alors à un chef de bataillon, quelquefois même à un capitaine. Ce cas s'est présenté plusieurs fois
dans nos razzias. La manière d'opérer une retraite dans les
montagnes et en terrain accidenté doit être presque toujours la
même, dans un pays où les habitants ne changent jamais leur
manière de combattre. J'ai vu des officiers supérieurs ayant dix
ans d'Afrique agir en novices et faire tuer ou blesser des hommes là où, avec la moindre prudence, on pouvait éviter le combat et faire ensuite une retraite sans danger (1).

Les campagnes d'Afrique ont, en général, été très
peu meurtrières ; les plus grands ennemis, les plus
redoutables adversaires de nos troupes n'ont pas été
les indigènes, mais les maladies. Pour supporter les
fatigues, les misères, les privations inséparables de

---

(1) *Campagnes d'Afrique*, capitaine Cler, 1er juillet 1842.

toute expédition ; pour résister aux mille influences morbides du climat africain, le courage et l'instruction militaire ne suffisent pas : il est indispensable d'avoir une grande vigueur corporelle et un tempérament robuste. Or, ces qualités physiques ne se rencontrent qu'exceptionnellement chez des jeunes gens à peine sortis de l'adolescence, comme nos recrues de vingt ans. De là la nécessité de composer les troupes françaises d'Algérie en hommes choisis: rengagés et jeunes gens, volontaires ou appelés, désignés après examen des autorités médicales comme possédant les qualités physiques permettant de compter sur leur acclimatation rapide.

Pour les officiers, hommes d'un âge plus avancé, les conditions physiques sont, en général, remplies. Ceux destinés à servir dans le Sud devraient être choisis parmi les plus jeunes, les plus énergiques et les plus intelligents. Abandonnés souvent à eux-mêmes dans ces régions redoutables, où le moindre oubli, la moindre négligence peut être payée de la vie de ceux que l'on a mission de conduire, ils sont appelés à prendre des résolutions promptes, à s'ingénier à sortir d'un mauvais pas. Incessamment en contact avec les Arabes, il leur faut déployer beaucoup d'habileté pour les surveiller et être peu susceptibles d'entraînements, etc. Combien d'erreurs, faciles à éviter, ont causé des morts d'hommes et des pertes d'argent, amené des conflits, nécessité des expéditions! Science et courage, activité et sang-froid, initiative et sentiment de la responsabilité, voilà les qualités que devrait posséder tout officier appelé à contribuer, pour sa part, à assurer dans le Sud la

tranquillité de la colonisation. Ce ne serait que justice
d'accorder à ceux réunissant toutes ces qualités, et
sachant les mettre à profit, des avantages d'avance-
ment.

Des jalousies et des rancunes déplorables ont
donné naissance à cette phrase ridicule que l'on répète
volontiers à tout propos : *Nos désastres de 1870-1871
proviennent de ce que l'Afrique avait gâté la main de
nos généraux.*

Cette assertion est fausse, puisque les seuls faits
d'armes consolants, sinon glorieux, de cette campagne sont dus à des officiers dont toute l'éducation
militaire s'est faite en Afrique ; il suffit de citer les
deux noms illustres de Faidherbe et de Chanzy.

Sans doute, la connaissance de la guerre d'Afrique
ne saurait suppléer aux connaissances qu'exige l'exécution de la guerre d'Europe, mais elle ne met
nullement celui qui la possède hors d'état de faire la
guerre européenne ; elle constitue, au contraire,
pour celui-ci, un moyen de préparation complé-
mentaire.

En effet, dans l'aptitude d'un officier à la guerre,
il y a deux choses à considérer :

1° La connaissance des formules à appliquer ;

2° La valeur morale résultant de qualités essentiellement morales, telles que le caractère, l'initiative,
le sentiment de la responsabilité, la décision, la
ténacité, la bravoure.

Les formules à appliquer diffèrent profondément

suivant qu'il s'agit de l'une ou de l'autre guerre, mais elles ne sont pas incompatibles et peuvent fort bien trouver place côte à côte dans un même cerveau.

Quant à ces qualités morales essentielles de l'homme de guerre qui ne ressortent et ne se développent que par la pratique et échappent aux examens, aux cours, conférences, grandes manœuvres, etc., la guerre d'Afrique, comme la guerre coloniale en général, reste, en définitive, le seul moyen de les cultiver. Si l'on tient compte encore de l'art des expédients qu'engendre l'habitude de suppléer fréquemment au manque de ressources, à l'absence de moyens matériels par une active et intelligente industrie, l'expérience de la guerre d'Afrique, venant se greffer sur les enseignements théoriques de la guerre méthodique d'Europe, a été, est et restera longtemps encore une excellente école de guerre pour tout officier suffisamment intelligent et instruit pour ne pas confondre les deux genres de formules.

CONCLUSION

Notre plan de mobilisation prévoit l'endivisionne-
ment d'une partie des troupes actuelles d'Afrique avec
celles de l'armée continentale, en cas de guerre européenne. Donc, de deux choses l'une : ou l'effectif de
paix actuel de ces troupes est supérieur aux besoins
de la défense contre une tentative de débarquement
et contre un soulèvement intérieur, ou ces troupes
doivent être aussitôt remplacées en Algérie par des
formations de deuxième ligne de la métropole. Dans
le premier cas, il serait rationnel de diminuer dès à
présent l'armée d'Afrique de tout l'excédent au profit
de nos corps de l'Est, afin de ne pas exposer, au
début d'une guerre, 20 à 25.000 hommes aux aléas
d'une navigation d'au moins trente-six heures à travers les escadres et les torpilleurs ennemis. Dans le
second cas, s'il s'agit simplement d'un échange de
troupes, les risques à courir sont doubles : perte en
pleine mer de tout ou partie des troupes rappelées en
France et des troupes de relève, des transports et des
navires d'escorte allant dans les deux sens.

La Méditerranée ne sera pas libre au début de la
prochaine guerre.

La marine, nous le répétons, aura déjà fort à faire
à organiser la chasse au large et la défense mobile
des côtes. Pourquoi compliquer encore davantage son

rôle dans le bassin occidental, en lui faisant convoyer des troupes au moment où elle doit être à l'action? Quelle entrave pour elle au moment même où tout commande d'en finir le plus rapidement possible avec nos ennemis purement méditerranéens, précisément pour nous assurer la libre communication avec l'Algérie?

Le transport du 19e corps en France à la mobilisation est une opération si périlleuse, sa réussite est si douteuse et les conséquences d'un insuccès seraient si graves, que la plus vulgaire prudence ordonne d'y renoncer. Car ce serait « jouer sur une seule carte » à la fois 20 à 25.000 hommes de troupe, une flotte de transport, la flotte d'escorte, notre puissance dans la Méditerranée et, peut-être même, tout ou partie de la colonie.

L'Algérie-Tunisie doit avoir son armée propre, dont, en aucun cas, il ne doit pouvoir être disposé pour des besoins extérieurs à la colonie.

Ce principe admis, l'effectif actuel de l'armée active d'Afrique peut être réduit dans une notable proportion. Avant 1870 on maintenait de gros effectifs dans la colonie, parce qu'elle constituait alors le camp d'instruction de l'armée; ce camp est aujourd'hui le sol français.

Malheureusement, il en a toujours été de l'effectif de l'armée d'Afrique comme il en est en France du prix des denrées : quand il a augmenté pour une cause quelconque, il ne diminue plus, alors même que la cause a cessé d'exister. Les gouverneurs ont toujours voulu des troupes quand même, et on n'a jamais eu assez d'énergie pour les leur refuser (1).

---

(1) Colonel Pein.

De 1847 à 1881, les soulèvements ont été nombreux en Algérie, mais leur gravité n'a jamais atteint celle de notre lutte avec Abd-el-Kader. La révolte de Zâatcha a fait naître des craintes fondées; l'insurrection de 1864 a été très sérieuse puisqu'elle a gagné les murs d'Oran; celle de 1871, en saisissant l'Algérie au dépourvu, sans défense, l'a mise à deux doigts de sa perte. Mais les désordres qui ont marqué cette insurrection résultaient des malheurs de la France, malheurs sans précédents, dont il faut chercher à prévenir le retour. Or, n'est-ce pas travailler dans ce sens que de demander la concentration de toutes nos forces disponibles là où, en définitive, se résoudra la grande question?

Admettons, par impossible, que des événements extraordinaires surgissent en Afrique; la colonie demandera à la métropole des secours qui arriveront toujours assez tôt si sa défense a été bien organisée, car il faut du temps pour engrener un mouvement d'une certaine étendue : la préparation de l'insurrection de 1840 demanda neuf mois à Abd-el-Kader (1); Bou-Zian dut en employer six pour concentrer la révolte à Zâatcha. Si la France, en guerre, était forcée d'ajourner l'envoi des renforts en Algérie, la colonie, armée et retranchée dans les conditions que nous avons indiquées d'après le colonel Pein, pourrait les attendre.

---

(1) « Il a fallu trois ans de négociations à Abd-el-Kader pour qu'il pût déterminer à nous faire la guerre les tribus de l'est de la Mitidja, qui faisaient avec nous un commerce important en huile; et ces négociations eussent été impuissantes s'il n'eût fait, en 1839, tomber la tête des principaux personnages de ces tribus. » (Maréchal Bugeaud, L'Algérie, p. 54.)

La prochaine discussion du projet de loi sur l'armée coloniale, en appelant l'attention sur la défense de l'Algérie-Tunisie, permettrait d'arrêter définitivement la constitution et les effectifs de l'armée d'Afrique. Puissent-ils l'être de manière à assurer en tout temps et contre toutes les éventualités, avec l'intégrité de son territoire, la sécurité intérieure indispensable au développement de notre si belle et si intéressante colonie!

FIN

Paris et Limoges. — Imprimerie militaire Henri CHARLES-LAVAUZELLE

www.ingramcontent.com/pod-product-compliance
Lightning Source LLC
Chambersburg PA
CBHW070815270326
41927CB00010B/2422